CW00556888

LA RIVIERA
D'ALAIN DUCASSE

DIRECTION ÉDITORIALE

CLAUDE LEBEY

DIRECTION ARTISTIQUE & DESIGN

'YAN. D. PENNOR'S

22, RUE HUYGHENS - 75014 PARIS

ISBN 2-226-05394-8

LA RIVIERA D'ALAIN DUCASSE

RECETTES AU FIL DU TEMPS

PRÉFACE

S.A.S. LE PRINCE RAINIER III DE MONACO

TEXTE

ALAIN DUCASSE ET MARIANNE COMOLLI

PHOTOGRAPHIES

JEAN-LOUIS BLOCH-LAINÉ

Albin Michel

Palais de Monaco

La rencontre d'Alain Ducasse et de Monte-Carlo fut un évènement magique et important, pour l'un comme pour l'autre, et je m'en réjouis,

Car cet homme de l'art pousse sa conscience professionnelle de l'étal du marché à la table de ses clients et amis, dans le souci constant de la "qualité" en tout et pour tout,

Et la cuisine d'Alain Ducasse est le produit de son talent sans cesse en éveil où il faut de l'imagination, de la créativité et du goût.... souvent pour surprendre, toujours pour plaire !

Cela démontre un grand amour et un grand respect de son métier. Mais s'agissant d'Alain Ducasse, c'est, je crois, surtout le fruit d'une vraie vocation !

Je suis heureux de cette occasion de pouvoir féliciter chaleureusement Alain Ducasse pour sa réussite à Monte-Carlo et de le remercier de nous avoir fait retrouver le plaisir de la table, avec des mets rustiques et raffinés d'une cuisine simple et saine !

Il est possible, indépendamment du lieu où l'on est né et où l'on vit, de devenir méditerranéen. La méditerranéité ne s'hérite pas, elle s'acquiert. C'est une distinction, non un avantage. Il n'est pas question seulement d'histoire ou de traditions, de géographie ou de racines, de mémoire ou de croyances: la méditerranée est aussi un destin.

Predrag Matvejevitch
Bréviaire méditerranéen

À MICHELLE ET AUDREY

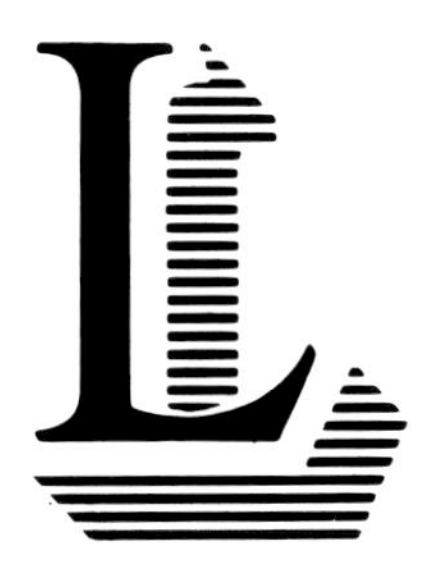E 10 NOVEMBRE 1977, ALAIN DUCASSE ENTRE CHEZ ALAIN Chapel, à Mionnay. Il a 21 ans depuis le 13 septembre. Il a décidé à 12 ans de devenir cuisinier, fait ses études à l'École Hôtelière de Bordeaux et son apprentissage au Pavillon Landais à Soustons. Il a été commis de cuisine aux Prés d'Eugénie chez Michel Guérard où il a appris l'élégance et le raffinement, commis de pâtisserie à Plaisir, chez Gaston Lenôtre, chef de partie au Moulin de Mougins, chez Roger Vergé qui lui a enseigné le professionalisme et les bases classiques de la cuisine. Pourtant ce jour-là, tout ce qu'il sait, c'est qu'il ne sait rien. La découverte de la prodigieuse cuisine de Mionnay l'en a convaincu, et ce n'est pas Alain Chapel qui l'en dissuade en l'accueillant avec ces mots : « À partir d'aujourd'hui, petit, tu oublies tout. »

Pendant les deux années de son nouvel apprentissage, le commis qu'Alain Ducasse est redevenu doutera chaque jour de ses dons, de son talent, de son aptitude à exercer le très beau mais très dur métier de cuisinier. Cela ne l'empêche pas d'accomplir sa tâche avec passion et d'occuper tous les postes clés des cuisines, y compris celui de chef du garde-manger, sous l'œil intransigeant du maître de Mionnay. En lui remettant « la clé de la cuisine », Alain Chapel le consacre cuisinier. Alain Ducasse se sent pousser des ailes. Roger Vergé l'attend à l'Amandier de Mougins dont il devient le chef. Il le quitte un an plus tard pour la Terrasse de l'Hôtel Juana, à Juan-les-Pins. Il en dessine les cuisines, lumineuses et fraîches, carrelées de blanc, qu'il équipe pour pratiquer tous les modes de cuisson, y compris rôtir à la broche et à la ficelle, comme autrefois. Autrefois, c'est l'enfance, pas si lointaine, où, dans la ferme natale de Castelsarrazin vouée aux volailles et au foie gras, le petit Alain se régale, avant même de les dévorer, de l'odeur des rôtis familiaux : des poulettes crépitantes au-dessus du feu de bois, du foie gras en tranches épaisses saisies aller-retour sur les braises, des côtes de bœuf de Chalosse quadrillées sur le lourd gril en fonte... Aujourd'hui, au Louis XV, les côtes de bœuf juteuses et tendres sont de Chalosse, le foie gras est de Castelsarrazin – il n'en est pas de plus fondant et de plus délicat – et les poulettes jaunes viennent des Landes. On les rôtit à la broche verticale et tournante, après avoir glissé sous leur peau d'épaisses lamelles de truffes de Riez et les avoir farcies, d'abord de croûtons croustillants, puis de leur foie mêlé d'herbes et de lardons sautés, et enfin de cubes de foie gras cru vivement saisis à la poêle, sans matière grasse. Pendant que les volailles dorent, le foie gras libère un peu de sa graisse savoureuse qui nourrit tous les éléments de la farce et, en dernier lieu, les petits chapons qui en deviennent fondants comme des cromesquis. De longues frites lisses et rondes, préalablement rissolées dans de la graisse d'oie en compagnie d'une gousse d'ail en chemise puis égouttées, enrobées de beurre clarifié, parsemées de feuilles de persil plat ciselées et de fleur de sel de Guérande, en sont la garniture idéale, l'accompagnement le plus propice à susciter la gourmandise, comme tous les plats imaginés au fil des saisons par le plus gourmand des cuisiniers.

D'ouest en est, l'odyssée d'Alain Ducasse s'est accomplie dans le Sud, couronnée par un détour initiatique à Mionnay, où Alain Chapel lui révéla ce qu'il savait depuis l'enfance, mais qui ne demandait qu'à être vérifié au sceau de l'expérience : la cuisine n'est pas un artifice qui consiste à travestir un produit au point de le rendre méconnaissable, mais un art, dont le dessein est d'exalter sa vérité. Devant « ce chant éternel de la terre », le cuisinier doit faire preuve d'intelligence et d'humilité : «Le produit, seul, est la vérité. Le produit, seul, est la vedette et non le cuisinier qui ne fait que le respecter... et protéger son génie », professait Alain Chapel.

Le génie du produit est aussi le génie du lieu. Alain Ducasse le découvre dans son périple azuréen. Cinq ans passés à la Terrasse, à écouter le chant des sirènes méditerranéennes, l'attachent passionnément à la Provence, qui devient sa terre d'élection, son havre de grâce, son jardin des Hespérides. La cuisine qu'elle lui inspire est à l'image du pays : lumineuse, vive, expansive, sensuelle, prodiguant les charmes contrastés de ses effluves marins et de ses baumes sylvestres, mais non dépourvue d'une franche rigueur témoignant de la révérence de l'homme de l'art pour les recettes du terroir. À sa manière, il s'en fait le chantre, en les interprétant avec une si douce et si subtile violence qu'elles n'en sont pas bousculées ; mais les parfums, les couleurs, les saveurs de Provence prennent un nouvel éclat. « Pour convaincre, enseignait Alain Chapel, une recette doit réaliser l'équilibre entre une tradition relative et une apparente nouveauté. Et le plaisir, ajoutait-il, ne naît pas de l'habitude. »

Le bonheur d'un cuisinier est de faire le bonheur de ses hôtes : la Terrasse ne désemplit pas, Alain Ducasse fait des heureux, des disciples – on parle déjà d'une « école Ducasse », d'une « génération Ducasse » – et des envieux.

La Société des Bains de Mer voit en lui l'homme capable de couvrir d'étoiles la table défraîchie, désuète et désertée du plus beau de ses palaces. Le 27 mai 1987, Alain Ducasse entre à l'Hôtel de Paris, à Monte-Carlo, pour devenir chef du Louis XV, son restaurant de prestige, mais aussi le responsable de toutes les cuisines de l'hôtel, du grill perché sous les toits à l'immense salle Empire dévolue aux fêtes et aux banquets. Le cuisinier devra interpréter simultanément deux rôles : celui de chef de cuisine et celui de chef d'entreprise.

En sous-sol, soixante-dix ouvriers des métiers de bouche œuvrent sur plus de mille mètres carrés. Alain Ducasse réinvente l'espace, redessine la cuisine du Louis XV, l'équipe d'un matériel d'avant-garde lui assurant aussi les performances d'autrefois – fours, fourneaux à l'ancienne sur des pianos modernes, rôtissoire, tournebroche, grils –, aménage une boulangerie, une pâtisserie, une chocolaterie, une glacerie, une poissonnerie avec viviers d'eau de mer pour les crustacés, une boucherie avec chambre à rassir, un fumoir, une cave du jour pour abriter mille bouteilles. Quant au Louis XV, dépoussiéré, redoré, accessoirisé, prolongé d'une terrasse pour l'été, il apparaît comme le restaurant le plus fastueux du monde.

Que devient, dans cet écrin de luxe, l'homme aux goûts rustiques, le cuisinier qui abhorre la sophistication, l'artiste épris de liberté ? Il reste lui-même, la suite le montre.

Dans la cuisine du Louis XV, vaste comme un hall de gare, Alain Ducasse s'est aménagé un bureau-salle à manger minuscule, aux portes vitrées coulissantes, d'où il peut contrôler sur six écrans de télévision, et téléphone à portée de main, l'activité de sa brigade. C'est là qu'il déguste une nouvelle recette ou une bouteille prête à boire. C'est là aussi qu'il reçoit ses fournisseurs. Dès neuf heures du matin, au retour du marché, Alain Ducasse dépose ses trouvailles près du passe-plat, pour que chacun puisse les voir. Aussitôt, et tour à tour, la cuisine prend des allures de camp retranché, de théâtre, de ruche, de salle de classe, de centre d'essais, de halle centrale, de jardin extraordinaire, dès l'arrivée des fournisseurs qui apportent eux-mêmes les plus beaux produits dont puisse rêver un cuisinier. Les maraîchers ont cueilli à l'aube, dans leur primeur, les légumes de saison, les petits plants de salades pour composer le mesclun, les bouquets d'herbes odorantes ; le champignonniste cache les cèpes, oronges ou morilles sous un tapis de feuilles de châtaignier avant de les montrer ; le pêcheur au pointu exhibe sa cargaison de merveilleux monstres – saint-pierre et chapons – capturés dans la nuit ; la volaillère de l'arrière-pays plume elle-même les pigeons qu'elle livre emmaillotés dans un linge blanc pour protéger leur peau translucide tendue sur une chair brune, sauvage et dodue ; le fermier du col de Tende présente ses lapereaux dépouillés, à la chair nacrée et au foie brillant ; le laitier du Mercantour n'affine pas ses fromages au lait cru et prodigue ses conseils au chef du garde-manger qui s'en charge ; l'homme qui a découvert il y a dix-sept ans le secret de la culture des fraises sauvages les rassemble dans de minuscules paniers ornés de feuilles et de fleurs pour décorer les assiettes... Arrivent aussi les amis d'Italie, venus présenter les nouveaux crus d'huile d'olive de Ligurie, la plus douce du monde ; les grasses olives de Taggia destinées à la daube de canard ; le riz « vialone nano » de la plaine du Pô récolté à l'ancienne, idéal pour le risotto ; la farine intégrale pour confectionner les pâtes papillons aux gamberoni du golfe de Gênes ; les truffes blanches, merveilles d'Alba ; les noisettes du Piémont pour les tartelettes au chocolat ; la liqueur de Florence, la rouge Alkermès qui parfume la « zuppa inglese » ; le mascarpone le plus crémeux pour le sorbet qui accompagne les fraises des bois dans leur jus tiède ; la mozzarella des bufflonnes de Campanie ; la ricotta des brebis romaines ; le jambon de San Daniele qui fond dans la bouche ; le parmesan de Reggio Emilia, vieux et fruité, condiment idéal des farces aux herbes, indispensable dans les gratins de légumes, surprenant sur les salades, en copeaux ou en dentelles croustillantes...

Pendant une heure, on tâte, on goûte, on sent, on caresse, on découvre, on déballe, on commente. Les idées fusent: on suggère des préparations, on échafaude des recettes, on imagine une présentation, on essaie de définir le goût final... Les esprits s'agitent, les langues se délient, puis chacun regagne son poste pour écouter les ordres du chef quant aux destinées des produits, à la façon de les préparer, de les cuire et de les servir... On n'entend plus ensuite que le cliquetis des couteaux, le frottement des casseroles sur les pianos, le chuintement du vin qui s'évapore aussitôt versé sur la brûlante compote d'échalotes, le clapotis des fonds de volaille et de veau qui mouilleront les plats du jour, le grésillement des parures de viandes rissolantes et sans cesse remuées, dont on extrait les sucs pour l'élaboration de jus qui napperont grillades et rôtis, gratins de légumes, pâtes et risotti. Les effluves mêlés émanés de ces préparations matinales tournoient dans la cuisine en arabesques de senteurs extrêmement appétissantes, tandis qu'on aborde la mise en place. Chacun se concentre, comme un acteur avant l'entrée en scène. On pare, on pèle, on tourne, on évide, on pèse, on mesure, on découpe, on émince, on cisèle, on broie, on hache, on concasse, on larde, on pique, on lamine, on pétrit, on malaxe, on farcit, on barde, on chemise, on ficelle, on assemble, on saisit, on marque, on pince, on lute, on débarrasse, on réserve. Aucune erreur n'est admise dans le geste: elle compromettrait la saveur finale. Toute la brigade est unie dans le même désir – participer à la réussite parfaite de tous les plats du service – tandis que le chef raccompagne les fournisseurs, notant ce qu'ils livreront demain, s'inquiétant des prévisions du temps pour la pêche, la chasse et la cueillette, racontant les nouvelles recettes qu'il leur fera déguster très vite. Sans la connivence, la complicité, l'amitié qui se sont installées entre eux, sans leur passion réciproque du beau et du bon, la cuisine d'Alain Ducasse ne serait pas ce qu'elle est: le chef a tenu à en informer ses hôtes. « Nous avons le privilège, a-t-il inscrit au dos de la carte du Louis XV, grâce à d'authentiques maraîchers, éleveurs, paysans, bouchers, pêcheurs et ramasseurs de champignons, d'avoir les meilleurs produits que nous traitons avec tout le respect qu'ils méritent. Ainsi, chaque plat a son histoire et chaque fournisseur sa raison de poursuivre sa recherche dans le beau. »

Depuis qu'il vit ici, à la lisière de deux pays qui ne sont ni tout à fait semblables ni tout à fait différents, le champ de ses investigations s'est encore prolongé, encore plus vers le sud. Découvrant dans la Riviera dei Fiori le pendant de la Côte d'Azur et dans l'arrière-pays ligure celui de l'arrière-pays niçois, séduit par les grâces latines du paysage, des gens, des coutumes et de la cuisine du terroir, Alain Ducasse a aboli leurs frontières linguistiques et gourmandes, en leur créant une gastronomie commune, pleine de tendresse et d'amour, dont il formule les recettes dans les deux

Page 13 : « Portrait d'Alain Ducasse »

Ci-dessus : « Le Casino de Monte-Carlo. » Œuvre de Charles Garnier – architecte de la ville de Paris qui remporta en 1861 le concours pour l'édification d'un nouvel opéra – le casino, dont les travaux durèrent de 1878 à 1910. Construit sur une terrasse dominant la mer d'où la vue s'étend de Monaco à Bordighera, il est entouré de très beaux jardins ornés de sculptures. Le Casino n'est pas seulement voué aux jeux de hasard auxquels sont destinées plusieurs salles privées somptueusement décorées ; il abrite aussi le théâtre, dû à Charles Garnier, et des salles publiques : le salon Renaissance, le grand salon de l'Europe, la salle des Amériques, la salle des Grâces.

langues mêlées : la française et l'italienne. « Velouté de potiron aux gnocchi di ricotta, lardons croustillants et champignons en cappuccino » ; « Sauté de vongole, poulpe de roche et crustacés, pâtes papillons à l'encre de seiche » ; « Légumes des jardins de Provence à l'huile del mulino al di là dell'acqua, petits farcis au coulis de tomate et focaccia » ; « Canette de ferme mi-sauvage à la broche en dolce-forte » ; « Picata de veau au jambon de San Daniele » ; « Pâtes imprimées d'herbes aux tartuffi d'Alba, beurre meunière au parmesan » ; « Tiramisù en velours noir de Monte-Carlo, sabayon de café et granité au chocolat amer »...

Telle est aujourd'hui la cuisine du Louis XV ne ressemblant à aucune autre, si ce n'est à celui qui la crée, la réinvente et l'embellit au fil des jours, du temps et des saisons, y mettant le meilleur de lui-même : son imagination, ses coups de cœur, ses trouvailles, ses désirs gourmands. Cuisine de liberté, d'émotions et de passions, mais aussi de rigueur, de sobriété, de perfection où chaque élément qui compose un plat – modeste plante potagère ou somptueux crustacé – trouve dans l'assiette le rôle qui lui a été assigné – le meilleur – pour le plus grand plaisir des sens. Cette cuisine magistrale, éclaboussée du soleil des deux Rivieras, qui a pris racine au pied du Rocher, est désormais un fleuron de l'art méditerranéen.

Marianne Comolli

FOND BLANC DE VOLAILLE

POUR 2 LITRES DE FOND

3 kg de carcasses de poulet • 150 g d'oignons (pelés) • 100 g de vert de poireau • 6 queues de persil • 200 g de carottes (pelées) • 150 g de céleri en branches • 1 tomate mûre • 1 c. à s. de gros sel de mer • 1 c. à s. de poivre en grains.

Lavez les légumes; coupez les oignons et la tomate en quatre, le vert de poireau et le céleri en tronçons de 5 cm, les carottes en deux verticalement. Mettez les carcasses dans une grande marmite; couvrez-les d'eau froide et portez à ébullition; laissez bouillir 5 minutes puis égouttez les carcasses, rincez-les à l'eau froide et remettez les carcasses blanchies dans la marmite; couvrez-les d'eau froide; ajoutez les légumes, sel et poivre. Laissez cuire 2 heures à découvert et à petite ébullition, sans tourner ni mélanger. Les carcasses ayant été blanchies au préalable, très peu d'écume se formera: inutile de la retirer.

Après 2 heures de cuisson, filtrez le fond au chinois tapissé d'un linge qui retiendra toutes les impuretés. Laissez-le se décanter avant de l'utiliser ou de le verser dans des récipients où vous le réserverez au réfrigérateur – pas plus de 24 heures – ou au congélateur. Le fond blanc est le mouillement idéal des légumes et des viandes: son goût doit rester neutre. N'y ajoutez pas de bouquet garni qui lui donnerait un banal goût de bouillon.

FOND DE VEAU

POUR 2 LITRES DE FOND

5 kg d'os de veau avec cartilages (crosse, colonne, haut de côtes) • 3 tomates moyennes • 300 g de carottes • 1 côte de céleri en branches (sans feuilles) • 1 oignon moyen • 1/2 tête d'ail (coupée en deux horizontalement) • 3 c.. à s. de concentré de tomate • 8 pieds de champignons de Paris • 1 dl d'huile neutre • 1 c. à s. de gros sel de mer • 1 c.. à s. de poivre en grains.

Allumez le four, th. 6 (200°). Rincez les os de veau; mettez-les dans un grand plat allant au four; arrosez-les d'environ 4 cuillères à soupe d'huile et glissez le plat au four. Laissez les os colorer 30 minutes environ, en les retournant avec une spatule; pendant ce temps, coupez le bout terreux des pieds des champignons; lavez-les; égouttez-les, coupez-les en quatre et faites-les rapidement sauter dans 1 cuillère à soupe d'huile. Pelez l'oignon; émincez-le; faites-le blondir dans 1 cuillère à soupe d'huile. Lavez les tomates; coupez-les en quatre. Pelez les carottes; lavez-les. Lavez le céleri; coupez-le en bâtonnets de 4 cm.

Ouvrez le four après 30 minutes; ajoutez aux os à demi colorés les champignons et les oignons, la demi-tête d'ail, les tomates, les carottes, le céleri; mélangez. Laissez colorer les os 30 minutes de plus avec les légumes: le tout doit être doré, à la limite de la caramélisation... attention à ne rien laisser brûler; surveillez cette cuisson. Après 1 heure, retirez le plat du four: mettez

Page 16 : Dans le hall d'entrée de l'Hôtel de Paris, se dresse une statue équestre de Louis XV, en bronze. Il s'agit d'une reproduction de la statue que le sculpteur François Girardon réalisa en 1683 pour la place Louis-Le-Grand, à Paris, et qui fut détruite à la Révolution. Le genou droit du cheval brille de l'éclat du neuf, sans cesse caressé par les habitués du Casino, pour qui, « toucher le genou porte bonheur. »

Ci-contre : « Détail de la façade de l'Hôtel de Paris ».
À droite de l'entrée de l'Hôtel de Paris, cachée par une haie de plantes et de fleurs, la terrasse du Louis XV, le restaurant d'Alain Ducasse.

les os et les légumes, (en les égouttant pour éliminer la matière grasse) dans une marmite. Versez 6 litres d'eau, ou plus, de manière à couvrir largement le tout ; ajoutez le concentré de tomate, sel, poivre. Portez à ébullition sur un feu doux ; écumez. Laissez cuire à découvert et à très petits frémissements 6 heures ou plus, en écumant, chaque fois que cela est nécessaire...
Filtrez le fond, versez-le dans une grande casserole, laissez-le réduire à feu plutôt vif, en le dépouillant (c'est-à-dire en retirant la petite pellicule qui se forme en surface, à 2 litres environ : le fond obtenu est gélatineux, très savoureux... Vous le conserverez 24 heures au réfrigérateur ou plusieurs mois au congélateur.

JUS DE VEAU... ET AUTRES JUS...

POUR 1 L 1/4 DE JUS DE VEAU

2 kg de « sauté » de veau (flanchet, plat de côtes, parures diverses) • 300 g de carottes • 1 tête d'ail • 1 côte de céleri en branches (sans les feuilles) • 6 queues de persil • 250 g de beurre • 3 c. à s. d'huile d'olive non fruitée • Sel • Poivre.

Pelez les carottes ; lavez-les ; coupez-les en rondelles épaisses ; lavez la côte de céleri ; coupez-la en tronçons de 3 cm ; lavez les queues de persil ; coupez la tête d'ail en deux, horizontalement.
Faites chauffer l'huile dans une sauteuse ; ajoutez-y 150 g de beurre et, lorsqu'il a fondu, faites-y rissoler les morceaux de veau, en compagnie des carottes, queues de persil, ail, et céleri ; salez, poivrez. Lorsque la viande est bien dorée, jetez le gras de cuisson et couvrez d'eau à hauteur ; laissez l'eau s'évaporer une fois (deux fois pour avoir un jus plus corsé) puis couvrez la viande d'eau ; laissez cuire 3 heures, à feu modéré, en tournant souvent...

> Le Rôle du Cuisinier Commence là où s'Arrête le Travail de l'Artisan, l'Œuvre de la Nature.
> Il Consiste à rendre très Bon ce qui, déjà, est très Beau.

Au bout de ce laps de temps, ajoutez le beurre restant dans la sauteuse, mélangez puis filtrez le jus dans un chinois étamine et faites-le réduire de moitié dans une casserole : vous obtenez 1 litre 1/4 de jus savoureux. Versez-le dans un récipient et laissez-le refroidir avant de le mettre au réfrigérateur où vous pourrez le conserver plusieurs jours, grâce à la fine couche de beurre qui durcira en surface et l'isolera de l'air ambiant.
Sur le même principe que celui du jus de veau, on peut obtenir un jus de volaille – poulet, canard, pintade, pigeon – de lapin, ou d'agneau. L'important est d'utiliser un ustensile traditionnel – sauteuse en fonte ou en cuivre étamé – qui « accroche », au fond duquel les sucs de la

« La préparation de la salle du restaurant Le Louis XV. »
À neuf heures du matin commence le rituel de la préparation de la salle du Louis XV. Maîtres d'hôtel et commis époussettent, astiquent, repassent, polissent, placent et dressent les tables, mettent le couvert. Les tables sont d'abord couvertes d'un douillet molleton de coton gratté, puis d'une première nappe qui les juponne entièrement et enfin d'une nappe plus petite, dont les volants s'arrêtent à la hauteur des accoudoirs des fauteuils en velours broché bleu et blanc. Le linge de table est en pur lin damassé ourlé de jour venise brodé à la main. On en efface le moindre pli à la vapeur d'un gros fer de teinturier. Les assiettes de présentation sont en vermeil, chiffrées d'un L, comme la kyrielle des verres en cristal. Le menu est servi dans des assiettes et des plats en porcelaine blanche lisérés d'or, au marli bordé d'une frise de fleurs pastel. Pour les desserts, l'or fait place à l'argent et le blanc au bleu. Les couverts en argent cloisonné bleu, la vaisselle en porcelaine bleue imprimée d'entrelacs argent et or, ont été crées en exclusivité pour Alain Ducasse.

viande caraméliseront, puis seront dissous dans l'eau... Pour les volailles, utilisez des abattis ; pour le lapin, des avants; pour l'agneau, toutes sortes de parures...

FUMET DE HOMARD

POUR 1 LITRE DE FUMET

2 homards bretons vivants de 400 g chacun • 1/2 tête d'ail (coupée en deux horizontalement) • 1 oignon de 75 g • 50 g d'échalotes • 2 tomates de 100 g chacune • 1 dl de vin blanc • 1 1/2 c. à s. de cognac • 3 c. à s. d'huile d'olive • 1 c. à s. de gros sel gris de Guérande • 1 c. à s. de poivre en grains.

Pelez et émincez finement échalotes et oignon. Lavez les tomates et coupez-les en quatre. Faites bouillir 1 litre 1/2 d'eau dans une casserole ; plongez les homards, l'un après l'autre, 20 secondes dans l'eau bouillante. Concassez, le plus finement possible, dans le bol d'un robot, un homard entier et le coffre du second (réservez-en la queue pour un autre usage : salades, soupes, ragoûts divers...).
Faites chauffer l'huile dans une sauteuse de 26 cm ; jetez-y le hachis de homard ; faites-le blondir avant d'y ajouter la garniture aromatique – ail, oignon, échalotes – et, 1 minute plus tard, les tomates. Mélangez 30 secondes. Versez le cognac puis le vin ; laissez-les s'évaporer et réduire à sec. Versez l'eau dans laquelle les homards ont poché dans la sauteuse ; ajoutez le sel et le poivre. Laissez cuire 35 minutes, à petits frémissements. Retirez du feu. Laissez reposer 10 minutes avant de filtrer le bouillon dans un chinois étamine en pressant bien les carcasses de homard pour en exprimer tout le jus.
Ce fumet, qui sert à l'élaboration de nombreux plats est déjà, en soi, un bouillon que l'on peut servir tel quel chaud, garni de fines rouelles de homard et de quenelles de crème fouettée, ou froid, additionné de crème fleurette versée sur une garniture composée de petits dés de homard, de pointes de salicornes, et d'une cuillerée de caviar « osciètre » d'Iran. Si vous servez ce fumet comme un bouillon, faites cuire la queue de homard réservée dans le fumet, pendant les quatre dernières minutes de cuisson... Vous pouvez aussi la décortiquer et la couper en rouelles que vous ferez saisir rapidement – « raidir » – à l'huile d'olive, dans une poêle.

VELOUTÉ DE HOMARD À L'INFUSION DE CÈPES ET DE MORILLES

POUR 6 PERSONNES

1 l de fumet de homard et la queue réservée d'1 homard • 20 g de morilles sèches • 20 g de cèpes secs • 150 g de champignons des bois (girolles, cèpes, trompettes de la mort) de petite taille • 6 crêtes de coq • 12 rognons de coq • 1 truffe • 3 dl de crème liquide • 1 l de fond de volaille (page 17) • 200 g de beurre • 12 brins de cerfeuil • Sel • Poivre.

Soleil couchant sur Monte-Carlo vu du jardin exotique. Au premier plan, le Casino et l'Hôtel de Paris ; à gauche, Beausoleil ; à droite, la longue pointe du Cap Martin et tout au fond, l'Italie.

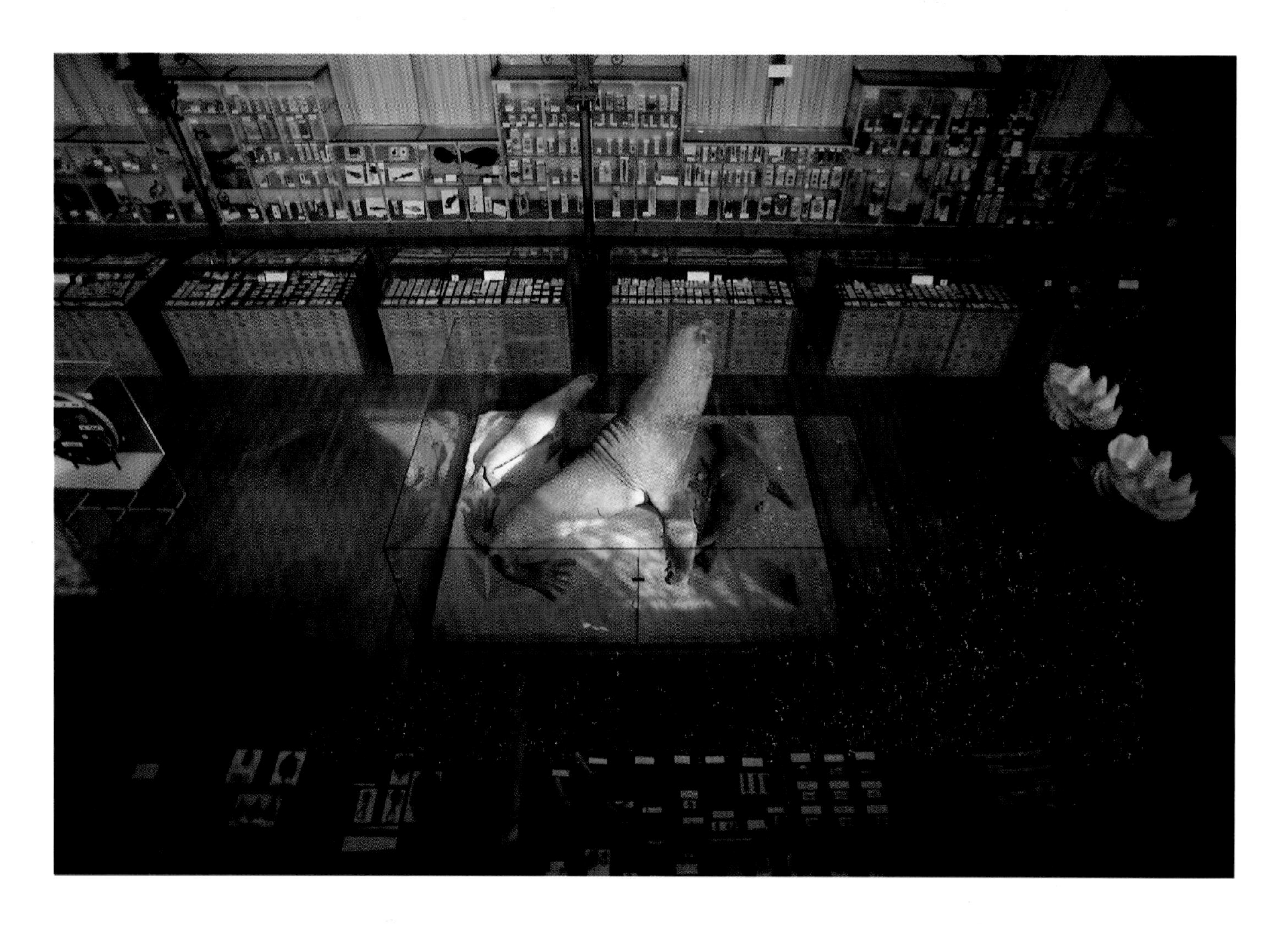

« La salle d'océanographie zoologique du musée océanographique de Monaco. » (Détail). En 1910, le musée océanographique de Monaco est inauguré par le prince Albert Ier, qui le consacre aux sciences de la mer : le majestueux édifice, construit à pic au-dessus de la Méditerranée est aussi un institut de recherches scientifiques. La salle d'océanographie zoologique présente des squelettes de grands animaux marins, des animaux naturalisés et de très nombreux spécimens de la faune marine recueillis au cours des campagnes scientifiques du prince et de ses successeurs.

Faites bouillir de l'eau dans une grande casserole; plongez-y les crêtes et les rognons de coq; faites-les blanchir 1 minute puis retirez-les et plongez-les dans de l'eau froide.

Versez 1 litre de fond de volaille dans une casserole; plongez-y les crêtes et les rognons et laissez-les refroidir sur une grille, puis mettez-les dans un bol couvert d'un film, au réfrigérateur. Laissez les crêtes cuire 2 heures, à très petits frémissements.

Lorsque cèpes et morilles ont infusé 20 minutes; retirez-les de l'eau à l'aide d'une écumoire et réservez-les pour un autre usage. Ne remuez pas l'eau de trempage afin que le sable puisse tomber au fond des casseroles et laissez les infusions se décanter.

Nettoyez les champignons frais; faites blanchir les trompettes (plongez-les 1 minute dans de l'eau bouillante, puis dans de l'eau froide et égouttez-les); lavez cèpes et girolles; coupez-les en deux ou en quatre; égouttez-les sur un linge.

Brossez la truffe sous l'eau courante; lavez et essorez le cerfeuil.

Lorsque les crêtes sont cuites, parez-les (coupez-en les pointes et aussi le dessous) et partagez-les en trois. Dans une sauteuse de 20 cm, rassemblez les rognons et les crêtes de coq, et les champignons des bois; mouillez-les, à hauteur de fond de volaille et laissez cuire à feu moyen, jusqu'à ce que le fond réduise presque à sec; recommencez deux fois cette opération puis ajoutez dans la sauteuse 50 g de beurre et la truffe, en la râpant sur une râpe à truffe. Couvrez la sauteuse ; éteignez le feu.

Versez le fumet de homard dans une cocotte de 4 litres; plongez-y la queue de homard; faites-la cuire 4 minutes; décortiquez-la, coupez-la en fines rouelles. Faites fondre une noix de beurre dans une petite poêle et faites-y «raidir» quelques secondes les rouelles de homard. Réservez-les au chaud.

LA PUISSANCE DU GOÛT RÉSULTE D'UN ÉQUILIBRE ENTRE LE JEU DES DIFFÉRENTS INGRÉDIENTS QUI COMPOSENT UN PLAT ET DONT LES RÔLES DOIVENT ÊTRE BIEN DÉFINIS. LES ÉLÉMENTS QUI ONT LA VEDETTE DOIVENT ÊTRE FLATTÉS PAR UN OU PLUSIEURS FAIRE-VALOIR QUI MÉRITENT EUX AUSSI, D'AVOIR UN TRÈS BEAU, BIEN QUE SECOND RÔLE.

Versez dans la cocotte 2 dl d'infusion de cèpes, 2 dl d'infusion de morilles et 2 dl de crème; portez à ébullition.

Fouettez vivement la crème restante, dans un bol, sur de la glace jusqu'à ce qu'elle soit ferme et tienne entre les branches du fouet.

Versez le contenu de la cocotte dans le bol d'un robot; mixez-le à grande vitesse avec 100 g de beurre. Vous pouvez aussi réaliser cette opération dans la cocotte, en utilisant un

« Olive Taggiasca, photographiée en automne, à Imperia, embrumée d'humidité marine, juste avant la première cueillette. » « À Sainte Catherine, l'huile est dans l'olive » dit-on en Provence. « L'olive donne son huile en décembre, elle la reprend en janvier et la redonne en février » répond l'adage ligure. Pas encore parfaitement mûres, les olives de décembre donnent une huile verte, très fruitée, très aromatique, légèrement amère et fraîche au palais, dont le goût évoque celui de l'artichaut tendre dégusté cru. Cette huile se conserve longtemps... Toutes les olives de Ligurie sont de la variété « Taggiasca », parfaitement ovales, pulpeuses et charnues, qui, comme leurs sœurs de Nice ou de Nyons, recèlent le même mystère : pourquoi ces fruits si âcres, si acerbes, si amers même lorsqu'on les cueille mûrs, et qui doivent subir diverses macérations pour être consommés, donnent-ils, sitôt pressés, une huile comestible ?

« L'oliveraie de Laura Marvaldi, située sur la Riviera di Ponente, à Borgomaro. »
Sous les oliviers plusieurs fois centenaires portant des fruits mûrs que l'on cueille à la main sont tendus de vaporeux filets blancs pour recueillir les olives qui tombent d'elles-mêmes et que l'on ramasse aussitôt, sans qu'elles aient touché terre. Dans l'oliveraie de Borgomaro située face au couchant, les olives cueillies à parfaite maturité donnent une huile onctueuse au goût délicatement poivré : c'est un cas unique en Ligurie... Lorsqu'on ne craint pas la morsure du gel, on peut attendre février, et même mars, pour cueillir les olives très mûres qui donnent une huile couleur d'or pâle et opalescente, très douce, très ronde, dont le goût évoque celui de l'amande fraîche. Cette huile rare et suave, typique de la province d'Imperia, appelée « Biancardo », est une des spécialités de Nanni Ardoino, « l'oliandolo di Oneglia ».

mixeur plongeant, mais le velouté risque d'être moins fin.

Dans de grandes assiettes creuses, répartissez le ragoût de crêtes, rognons et champignons aux truffes et les rouelles de homard. Posez une quenelle de crème fouettée dessus et décorez de cerfeuil. Versez le velouté dans une soupière et... portez le tout à table : vous verserez le velouté bouillant sur sa garniture devant les convives.

BOUILLON LÉGER DE MARRONS, FINES RAVIOLES DE CHAMPIGNONS ET PAYSANNE DE LÉGUMES

POUR 4 PERSONNES

700 g de carcasses de poule ou de poule faisane • 300 g de marrons • 1 poireau • 1 carotte • 1 oignon • 100 g de céleri-rave • 1 1/2 l de fond blanc de volaille (page 17) • 1 brin de thym • 1 feuille de laurier • 2 1/2 c. à s. de cognac • 1 dl d'huile d'olive • 100 g de beurre • Sel • Poivre.

POUR LES RAVIOLES

POUR LA PÂTE

250 g de farine de blé blanche • 1 œuf • 1 1/2 c. à s. d'huile d'olive • sel de mer fin.

POUR LA FARCE

200 g de cèpes • 25 g de parmesan râpé • 1 c. à s. de persil plat ciselé • 1 jaune d'œuf • 1 c. à s. d'huile d'olive.

POUR LA PAYSANNE DE LÉGUMES

4 feuilles de chou frisé • 1 grosse carotte • 1 blanc de gros poireau • 100 g de céleri-rave • 1 côte de céleri sans ses feuilles • 50 g de marrons • 1 dl de fond de veau (page 17) • 2 dl de fond blanc de volaille • 100 g de beurre • Sel • Poivre.

Préparez le bouillon : faites une incision horizontale sur le côté plat des marrons ; plongez-les 2 minutes dans de l'eau (ou mieux, de l'huile bouillante) puis retirez-en l'écorce et la peau. Concassez les carcasses de poule ; lavez-les ; pelez la carotte, l'oignon, le poireau ; coupez ces légumes en petits morceaux, ainsi que le céleri-rave. Faites chauffer l'huile d'olive dans une cocotte en fonte de 6 litres ; ajoutez 1 noix de beurre et lorsqu'il a fondu, les carcasses ; faites-les saisir à feu vif, puis ajoutez les légumes. Mélangez ; arrosez de 2 cuillères à soupe de cognac ; laissez-le s'évaporer puis ajoutez les marrons et le fond blanc. Laissez cuire à petits frémissements 1 heure 30.

Pendant ce temps, préparez les ravioles : mélangez les ingrédients de la pâte jusqu'à ce que vous obteniez une pâte lisse et homogène se roulant facilement en boule. Laissez-la reposer au frais. Nettoyez les cèpes ; coupez-les en tout petits dés ; faites-les sauter à la poêle, dans l'huile d'olive ; mettez-les dans un grand bol ; lorsqu'ils sont froids, ajoutez-y le persil, le parmesan, la moitié du jaune d'œuf, sel, poivre ; mélangez. Réservez le demi-jaune restant un bol ; délayez-le avec 1 cuillère à soupe d'eau . Passez la pâte au laminoir afin d'obtenir une

« Un pressoir à l'ancienne, chez Pietro Isnardi, à Oneglia ». Pour donner une huile au degré d'acidité infime, les olives sitôt cueillies doivent être pressées pour ne pas avoir le temps de fermenter. On les trie, on les débarrasse des feuilles qui donnent un goût âcre à l'huile, on les lave, on les broie à la meule de pierre, comme autrefois, puis on les presse. À peine répartie sur les plateaux — les scourtins — la pâte d'olive pleure des larmes d'or, cristallines, la fugitive « fleur d'huile »... Car, une fois la pâte pressée, l'huile et l'eau des fruits s'en écoulent mêlées, en mousseux flots violets — la margine — qu'il suffit de laisser décanter pour les séparer l'une de l'autre, sans les filtrer, en les transvasant le plus souvent possible, jusqu'à ce que l'huile soit limpide. Ainsi s'obtient l'huile d'olive vierge extra, pur jus de fruit. À la demande d'Alain Ducasse, des professionnels comme Nanni Ardoino assemblent différents crus pour obtenir des huiles idéales, qui par leur goût, leur consistance, leur bouquet, sont aptes à exhausser la saveur de toutes sortes de plats très différents.

« La vieille ville de San Remo. »
En Ligurie, dans la province d'Imperia, « La Pigna », le vieux quartier de San Remo est un dédale de ruelles pavées couvertes de voûtes alternant avec des puits de lumière, et de maisons s'étayant les unes les autres. San Remo est au point de départ de la « Riviera di Ponente » – surnommée « Riviera dei Fiori » « Riviera des fleurs » – à l'ouest de Gênes, opposée à la « Riviera di Levante », à l'est... par analogie, la Côte d'Azur française a été appelée « Riviera ».

« Cèpes d'Auvergne rôtis dans des feuilles de châtaignier. » (Recette page 38)
Avec des cèpes de châtaignier cuits dans des feuilles de châtaignier, la boucle du goût le plus savoureusement rustique est bouclée. La cuisson courte se fait dans une cocotte couverte, à four vif et à l'étouffée, avec la complicité d'une huile d'olive nappante et douce, issue de fruits mûrs, et d'une tombée d'échalote grise, sous une fine neige de fleur de sel.

épaisseur de 1 mm. Déposez des petits tas de farce d'1/2 cuillère à café sur la moitié de la pâte, à intervalles de 5 cm, badigeonnez de jaune d'œuf, au pinceau, le tour de la farce, sur 1,5 cm; posez la seconde moitié de la pâte sur la première; appuyez du bout des doigts, sur la pâte, autour de la farce pour bien sceller les ravioles. Découpez-les à l'aide d'un emporte-pièce de 4 cm de diamètre et réservez-les sur une plaque légèrement farinée.
Préparez la paysanne: pelez la carotte et le poireau; lavez tous les légumes et découpez-les en triangles (c'est la «paysanne») de 1/2 cm d'épaisseur: par exemple, coupez la carotte en rondelles de 1/2 cm d'épaisseur puis coupez ces rondelles en croix pour obtenir 4 triangles. Décortiquez les marrons (comme précédemment). Mettez-les dans une casserole avec une noix de beurre; faites-les cuire 2 minutes, puis couvrez-les de fond de veau et d'un peu de fond blanc et laissez-les cuire 35 à 40 minutes, sur un feu très doux. Faites fondre le beurre restant dans une sauteuse de 24 cm; faites-y blondir la paysanne de légumes puis mouillez-la de fond blanc et laissez cuire jusqu'à ce que les légumes soient tendres.
Lorsque le bouillon a cuit 1 heure 30, passez-le à la moulinette pour extraire tout le jus des carcasses puis passez-le au chinois étamine. Faites cuire les ravioles à l'eau bouillante salée: elles sont cuites lorsqu'elles remontent à la surface; déposez-les dans des assiettes creuses chaudes; entourez-les de paysanne de légumes et de marrons. Faites bouillir le bouillon de marrons en y ajoutant le beurre restant et en fouettant vivement. Salez. Poivrez. Ajoutez le cognac restant. Versez le bouillon en soupière. Portez à table assiettes et soupière. Nappez la garniture de bouillon devant les convives.

RAVIOLI À LA MONÉGASQUE

POUR 12 PERSONNES

POUR LA PÂTE

400 g de farine de blé blanche • 1 œuf • 1 dl d'huile d'olive • 4 pincées de sel de mer fin.

POUR LA FARCE

2 kg de jarret (gîte) de bœuf sans os • 3/4 l de vin rouge • 2 oignons • 500 g de céleri en branches • 2 tomates • 50 g de farine • 3 litres de fond de veau (page. 17) • 1 bouquet garni (1 brin de thym, 1/2 feuille de laurier, 6 queues de persil) • 1/2 cervelle de veau • 200 g de rôti de veau (quasi) • 150 g de ricotta • 250 g de vert de blettes cuit à l'eau, égoutté à fond • 250 g d'épinards cuits à l'eau, égouttés à fond • 3 c. à s. de persil ciselé • 3 c. à s. de cerfeuil ciselé • 300 g de parmesan râpé • 2 dl d'huile d'olive • Sel • Poivre.

POUR SERVIR

50 g de beurre • 2 c. à s. d'huile d'olive • 100 g de parmesan râpé • 1 morceau de parmesan de 300 g.

Préparez d'abord une daube de bœuf: coupez la viande en morceaux de 7 cm; pelez les carottes

« Automne dans la vallée de l'Estéron. »
Sur la route de Sigale, station de sports d'hiver, la verte vallée de l'Estéron. En automne, les chênes verts qui jaunissent en premier y font des taches dorées.

et les oignons; lavez-les avec le céleri, et coupez-les en petits cubes. Lavez les tomates; coupez-les en quatre.
Allumez le four, th. 5 (175°). Faites chauffer la moitié de l'huile d'olive dans une grande poêle; faites-y rissoler la viande, puis les légumes; poudrez de farine; laissez la farine rôtir 3 minutes en tournant sans cesse puis mouillez de vin rouge, en deux ou trois fois, et laissez-le s'évaporer. Versez le contenu de la poêle dans une cocotte en fonte de 29 cm; ajoutez le bouquet garni; mouillez de fond de veau; couvrez la cocotte et laissez cuire 3 heures.
Pendant ce temps, préparez la pâte des ravioli: mélangez tous les éléments dans le bol d'un robot avec 1/8 litre d'eau, jusqu'à ce que la pâte forme une boule; glissez-la dans un sachet en plastique et laissez-la reposer 1 heure au moins au frais.
Lorsque la daube a cuit 3 heures, retirez de la cocotte les morceaux de viande et passez le jus à travers une passoire fine au-dessus d'une grande casserole. Hachez le bœuf, le rôti de veau, les blettes, les épinards, la cervelle: mettez tous ces éléments dans un grand saladier; ajoutez la ricotta, l'huile d'olive restante, le parmesan râpé, le persil, le cerfeuil, sel et poivre. Mélangez bien.
Abaissez la pâte au laminoir, très finement, en rectangles de 1 mm d'épaisseur. À la base de chaque rectangle, déposez des petits tas de farce de la grosseur d'une demi-noix, espacés de 3 cm; retournez la pâte sur la farce, de manière à l'envelopper et coupez la pâte sans laisser de bords; entre chaque tas de farce, pincez la pâte entre les doigts puis coupez avec un couteau, pour séparer les ravioli.
Faites réduire de moitié le jus de daube contenu dans la casserole; répartissez-le dans deux sauteuses de 26 cm; ajoutez dans chacune d'elles, 25 g de beurre et 1 cuillère à soupe d'huile d'olive; salez et poivrez si nécessaire.

MON PLUS BEL OUTIL CULINAIRE EST L'HUILE D'OLIVE, TRANSCENDANTE, SOUVERAINE, DANS MA CUISINE. DANS SA VERSION DOUCE, JE L'UTILISE COMME ÉLÉMENT DE CUISSON, DU RISSOLAGE À LA FRITURE... DANS SA VERSION FRUITÉE, J'EN FAIS PLUS QU'UN ASSAISONNEMENT, UN CONDIMENT: QUELQUES GOUTTES PERLANT DANS UNE SOUPE OU TRANCHANT UN JUS, UN FILET COULÉ SUR DES LÉGUMES, NAPPANT DES FROMAGES FRAIS.

Sur une râpe à chips, passez le morceau de parmesan et recueillez les copeaux qui en tombent sur un grand plat.
Faites bouillir de l'eau dans une grande marmite; salez-la; plongez-y les ravioli, douze par douze: ils sont cuits lorsqu'ils remontent à la

Page 36 : « La Grand rue de Pigna, en Ligurie. » À 48 kilomètres de Monte-Carlo, au nord de Bordighera, le vieux village de pierre est perché à 300 mètres d'altitude au-dessus du Val de Nervia.

Ci-contre : « Gnocchi de pommes de terre aux cèpes d'Auvergne ». (Recette p. 38). Le secret de la légèreté et de l'onctuosité de ces gnocchi roulés sur la fourchette réside dans leur préparation : il faut utiliser des pommes de terre à chair farineuse – les préférées d'Alain Ducasse sont de grosses pommes de terre à chair jaune venant de Manosque – qui, une fois cuites et réduites en purée doivent être mêlées très rapidement à la farine dont on les a poudrées, en travaillant le moins possible : ainsi, la pâte ne risque pas de « corder », c'est-à-dire de devenir élastique, et reste aérienne, presque floconneuse.

surface. Égouttez-les à l'aide d'une écumoire et répartissez-les dans les sauteuses, afin qu'ils s'enrobent de jus de daube ; au fur et à mesure de leur cuisson, poudrez-les légèrement de parmesan râpé.
Lorsque tous les ravioli sont cuits, réchauffez-les bien dans le jus de daube, sans les tourner car ils sont fragiles ; répartissez-les dans des assiettes chaudes ; couvrez-les de copeaux de parmesan et... servez aussitôt.

CÈPES D'AUVERGNE RÔTIS DANS DES FEUILLES DE CHÂTAIGNIER

Photo page 32

POUR 4 PERSONNES

12 très beaux cèpes d'Auvergne • 24 feuilles de châtaignier • 30 g d'échalote hachée menu • 2 dl d'huile d'olive • 12 pincées de fleur de sel de Guérande • Poivre du moulin.

LORSQU'IL M'ARRIVE DE DEVOIR CHOISIR ENTRE DEUX EXCELLENTS PRODUITS, MON CHOIX SE PORTE, D'INSTINCT, SUR LE PLUS RUSTIQUE.

Allumez le four, th. 6 (200°). Coupez le bout terreux des pieds des cèpes ; séparez-les des têtes ; essuyez-les avec un linge humide. Huilez 4 petites cocottes en terre vernissée pouvant contenir 3 cèpes chacune. Disposez six feuilles de châtaignier dans chacune d'elles, en les faisant largement déborder des cocottes et en les faisant se chevaucher au centre. Coupez les pieds des cèpes en fines rondelles de 4 mm ; répartissez-les dans le fond des cocottes et parsemez-les d'échalote ciselée. Salez. Poivrez ; nappez d'un peu d'huile d'olive. Badigeonnez d'huile d'olive les feuilles de châtaignier. Mettez 3 têtes de cèpes, côté bombé vers le haut, dans chaque cocotte ; nappez-les d'huile d'olive. Salez-les. Poivrez-les ; rabattez les feuilles de châtaignier sur les têtes de cèpes en les faisant se chevaucher et se croiser. Huilez-les ; posez les couvercles en maintenant bien les feuilles. Glissez les cocottes au four. Laissez cuire 20 minutes... et servez aussitôt, dans les cocottes. De grosses « Oronges vraies » (Amanites des Césars) peuvent être préparées de la même manière.

GNOCCHI DE POMME DE TERRE AUX CÈPES D'AUVERGNE

Photo page 37

POUR 4 PERSONNES

1 kg de pommes de terre à chair farineuse • 300 g de farine de blé, type 45 • 1 œuf • 2 c. à s. d'huile d'olive • Noix muscade • Sel de mer fin.

Page 39 : «Potirons dans la vallée de la Siagne.» Autrefois, une seule variété de courge «Cucurbita Pepo» régnait sur le midi : le « Potiron musqué » en Provence, et son pendant, la « Zucca Gialla », en Italie : même chair ferme couleur tango, même saveur musquée, douce et fruitée. Aujourd'hui, on trouve beaucoup d'hybrides issus du potiron musqué et de courges américaines, dont certains, sous une peau très épaisse aux couleurs variées cachant une pulpe généreuse et dense au goût de châtaigne qui se conservent très longtemps. En France comme en Italie on utilise les potirons pour confectionner de revigorantes soupes, des farces végétales (quant font défaut les herbes printanières) pour les « barbajuans » — côté monégasque — et les « pansooti » — côté ligure... et surtout, l'exquise recette commune aux deux pays : un tian légèrement gratiné, composé de pulpe de potiron longuement confite au four avant d'être écrasée à la fourchette, nappée d'huile d'olive et poudrée de chapelure ou de semoule de maïs.

« Brumes d'Automne sur le Paillon de Contes. » Les défilés verdoyants entre les murailles boisées sont un enchantement : pins, châtaigniers, cyprès, oliviers, mimosas, cultures en terrasses, composent un paysage typique de l'arrière-pays niçois, ici noyé dans les brumes de l'automne.

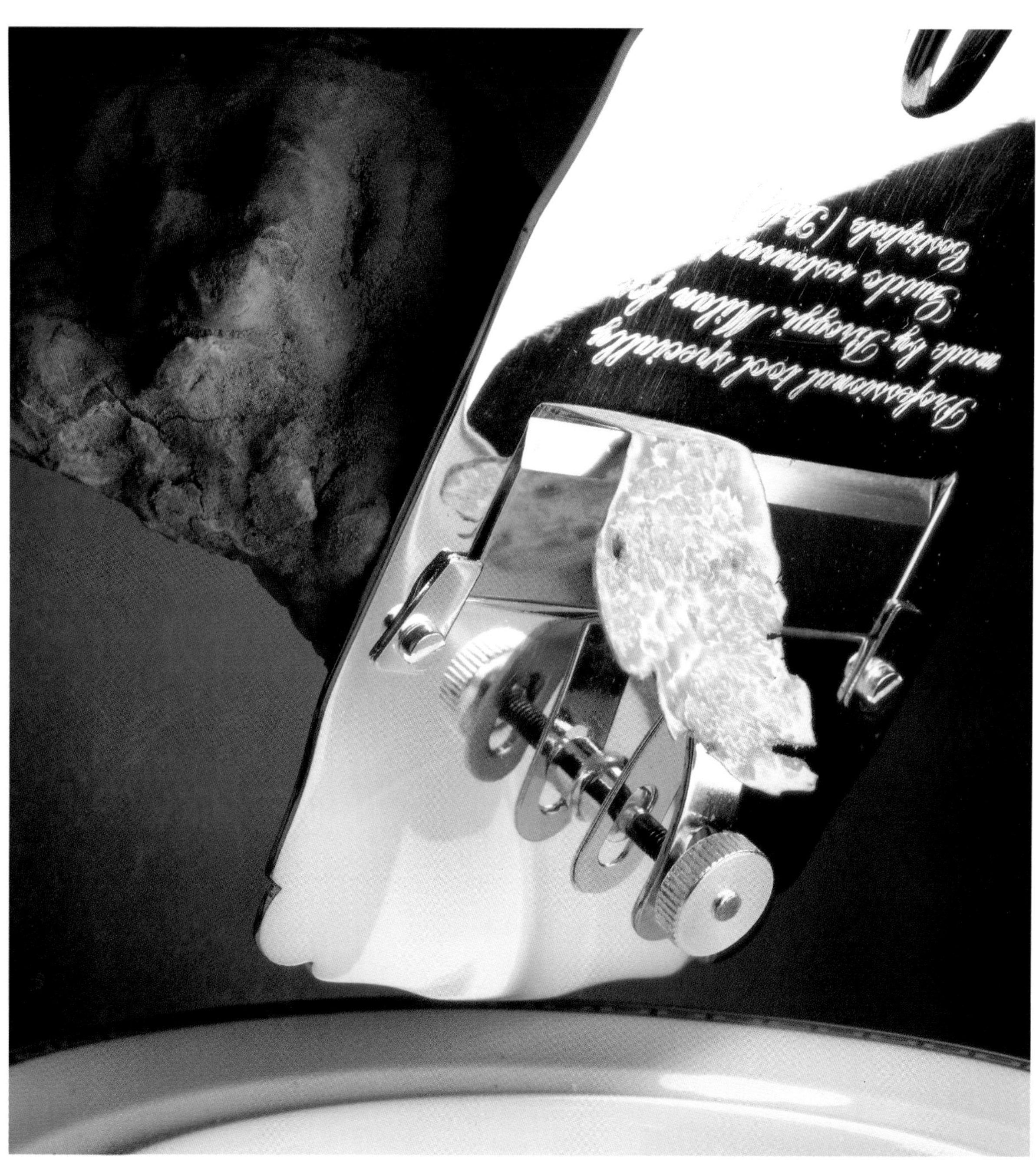

« Tartuffo d'Alba. » Le « Tartuffo d'Alba » – Tuber Magnatum – dit « Truffe blanche du Piémont », qui apparaît dès l'automne, n'est pas une truffe blanche mais ivoire, parfois tachetée de gris tourterelle, et toute veinée de blanc. Il faut déguster crue la truffe d'Alba – la cuisson la fait fondre et détruit son parfum – très finement émincée sur des plats chauds, tièdes ou froids, pour en apprécier l'arôme intense et complexe où se retrouvent, mêlés à l'odeur d'humus, de fougère et de cèpe, un parfum d'ail et de parmesan vieux. Le goût des risotti, pâtes et salades est exalté par ce bouquet rare et mystérieux, très différent de celui de la truffe noire.

POUR LA SAUCE AUX CÈPES

400 g de cèpes frais d'Auvergne • 1/4 l de jus de veau (p. 19) • 100 g de beurre • 2 gousses d'ail • 40 g de parmesan râpé • 12 copeaux de parmesan prélevés au couteau économe sur un morceau de parmesan vieux.

Rincez les pommes de terre ; mettez-les dans une casserole ; couvrez-les d'eau froide et faites-les cuire à feu vif, jusqu'à ce que la pointe d'un couteau les transperce facilement. Égouttez-les. Pelez-les. Écrasez-les dans un tamis fin, au-dessus d'un marbre fariné ou d'une planche. Arrosez-les d'huile d'olive, poudrez-les de 200 g de farine, noix muscade, sel, et cassez l'œuf sur le tout. Mélangez les ingrédients du bout des doigts, rapidement, jusqu'à ce que la pâte forme une boule. Coupez-la en quatre. Sur le marbre fariné, roulez les morceaux de pâte entre les paumes de vos mains de manière à obtenir des cordons de 1 cm de diamètre ; coupez ceux-ci en morceaux de 1,5 cm de long ; roulez-les un par un sur une fourchette, en les creusant avec le pouce ou l'index, pour obtenir des gnocchi légers et cannelés. Réservez-les sur un plateau fariné.

Préparez la sauce : coupez le bout terreux du pied des cèpes ; essuyez-les ; émincez-les finement. Coupez les gousses d'ail en deux ; retirez-en la peau.

Dans une sauteuse de 24 cm, versez le jus de veau ; portez-le à ébullition ; ajoutez les cèpes, les demi-gousses d'ail, la moitié du beurre ; sel ; poivre. Faites cuire 8 minutes, à feu vif.

Retirez du feu. Ôtez les gousses d'ail.

Faites bouillir de l'eau dans une grande marmite ; salez-la ; plongez-y délicatement les gnocchi : ils tombent au fond de la marmite mais remontent très vite à la surface de l'eau ; lorsqu'ils flottent, ils sont cuits ; retirez-les de l'eau à l'aide d'une écumoire et plongez-les dans la sauce ; ajoutez le beurre restant et le parmesan râpé ; mélangez délicatement, répartissez les gnocchi dans les assiettes, parsemez-les de copeaux de parmesan et servez aussitôt.

Ces gnocchi peuvent aussi être servis avec une sauce aux cèpes secs, confectionnée comme une sauce bolognaise : faites rissoler dans 1 dl d'huile d'olive 200 g de bœuf et 200 g de veau hachés ; ajoutez 50 g d'oignon et une gousse d'ail hachés, un bouquet garni, sel et poivre. Versez 1 dl de vin rouge et, une fois le vin évaporé, ajoutez 40 g de cèpes secs trempés puis hachés et 300 g de tomates concassées. Mouillez de 1/2 dl de fond de veau et laissez cuire 1 heure 30 à feu doux. Une fois la sauce cuite – elle doit être épaisse – liez-la de 80 g de beurre et de 60 g de parmesan râpé.

BOUILLON DE POTIRON AUX PETITES GIROLLES ET LARDONS CROUSTILLANTS

POUR 4 PERSONNES

POUR LE BOUILLON

400 g de pulpe de potiron • 50 g d'oignon pelé • 3/4 l de fond blanc (p 17) • 200 g de crème fouettée • 100 g de beurre • 2 c. à s. d'huile d'olive • Sel • Poivre.

« Saint-Jacques grillées en salade d'Automne aux tartuffi d'Alba et copeaux de parmesan ». *(Recette p. 50).* *Des noix de Saint-Jacques quadrillées sur les braises, encore nacrées à cœur et fourrées de truffe blanche : ce savoureux mariage se goûte pleinement sur un mesclun assaisonné d'huile d'olive et de vinaigre de Xérès tempéré d'une goutte d'« aceto balsamico ». Une garniture de copeaux de parmesan souligne les affinités de la truffe blanche avec le « reggiano » dont elle évoque le parfum.*

« Salade de pommes de terre tièdes et de truffes à la tomate confite » (Recette p. 52). Quand la truffe blanche disparaît, la noire fait son apparition... mais Tuber Melanosporum, « diamant noir de la cuisine » pour Brillat-Savarin, « perle sacrée du terroir périgourdin » pour Edouard Nignon, n'a de commun avec le « tartuffo d'Alba » que sa forme de pézize repliée en boule sur elle-même, les marbrures blanches de sa chair, son mystère et sa rareté. La truffe du Périgord, croquante friandise qui embaume la forêt d'automne, se déguste crue, entière, émincée, écrasée à la fourchette, en mirepoix, en julienne... froide, mais aussi tiède comme ici, dans ce mariage de la truffe et de la pomme de terre, un régal légendaire dont la rusticité est encore exhaussée par la présence de la tomate confite.

POUR LA GARNITURE

150 g de petites girolles • 60 g de petits lardons sans couenne • 1 échalote hachée menu • 1/2 c. à s. de ciboulette ciselée • 12 brins de cerfeuil • 1 c. à s. d'huile d'olive • 25 g de beurre • Sel • Poivre.

Coupez le potiron en cubes de 2 cm; émincez finement l'oignon. Faites chauffer la moitié de l'huile dans une cocotte de 4 litres. Ajoutez les oignons, faites-les cuire 2 minutes, en les tournant sans cesse, puis le potiron et, 5 minutes plus tard, le fond blanc. Laissez cuire 40 minutes environ: le potiron doit être très mou.
Lorsque le potiron est cuit, versez le contenu de la cocotte dans le bol d'un robot. Mixez jusqu'à obtention d'une crème très lisse: remettez-la dans la cocotte; salez; poivrez; ajoutez le beurre, l'huile d'olive restante et la moitié de la crème fouettée.
Coupez le bout terreux du pied des girolles; faites chauffer l'huile dans une sauteuse de 26 cm; jetez-y les girolles; faites-les cuire 4 à 5 minutes, à feu vif, jusqu'à ce qu'elles ne rendent plus d'eau; à mi-cuisson, ajoutez l'échalote ciselée, et en fin de cuisson, le beurre et la ciboulette. Mélangez.
Faites dorer les lardons dans une poêle antiadhésive de 22 cm; ils doivent être très croustillants.
Réchauffez le bouillon de potiron.
Répartissez dans des assiettes creuses les girolles et les lardons; surmontez cette garniture d'une cuillerée de crème fouettée; parsemez de brins de cerfeuil.
Versez le bouillon dans une soupière; à table, vous le coulerez sur la garniture, avant de... déguster cette soupe, bien chaude.
La garniture de ce bouillon peut être enrichie de gnocchi de ricotta et de petits croûtons frits.

BARBAJUANS D'HIVER

POUR 8 PERSONNES

1 kg de courge rouge (avec la peau, sans les graines) • 300 g de vert et blanc de poireaux pelés • 80 g de riz à grain rond • 2 œufs • 150 g de parmesan râpé • 4 c. à s. d'huile d'olive • Sel • Poivre.

POUR LA PÂTE

400 g de farine de blé blanche • 1 dl d'huile d'olive • 1 œuf • 1/8 l d'eau • 1/2 c. à c. de sel de mer fin.

POUR LA CUISSON

1 1/2 l d'huile d'arachide ou d'olive non fruitée.

Préparez d'abord la pâte: mélangez tous les ingrédients dans le bol d'un robot ou sur le plan de travail, jusqu'à ce que la pâte forme une boule; glissez-la dans un sachet en plastique et laissez-la reposer 1 heure au réfrigérateur... Pendant ce temps, préparez la farce: allumez le four th. 6 (200°).
Tapissez une plaque à pâtisserie d'une feuille d'aluminium. Huilez-la. Posez la tranche de courge sur la plaque, nappez-la d'huile, salez-la et glissez-la au four pour 1 heure 30.
Pendant ce temps, faites cuire le riz à demi,

« Homard breton, macaroni et truffes en cocotte lutée ». (Recette p. 52).
Stratégie d'un plaisir gourmand haut en goûts et en couleurs : dans une petite cocotte lutée, les quatre éléments se bousculent au cours d'une cuisson vive et courte, pour réapparaître, au terme de celle-ci, onctueusement liés d'un odorant pistou coraillé.

dans de l'eau bouillante très légèrement salée, 10 minutes (il doit être croquant). Égouttez-le. Émincez très finement le poireau; faites-le cuire, sans le faire dorer, dans une poêle de 22 cm, avec 1 1/2 cuillère à soupe d'huile d'olive, 5 à 6 minutes; égouttez-le; mettez-le dans une terrine; ajoutez-y le riz, les œufs, le parmesan, sel, poivre. Lorsque la courge est cuite, littéralement confite par sa longue cuisson au four, mettez sa pulpe dans la terrine (récupérez toute la chair avec une cuillère, en grattant l'écorce). Mélangez vivement les ingrédients avec la spatule; ajoutez le parmesan, mélangez encore: la farce doit être homogène.

Lorsque la pâte a reposé, abaissez-la très finement, soit au rouleau à pâtisserie, soit au laminoir. Déposez sur la pâte des petits tas de farce gros comme une petite noix; mouillez la pâte tout autour de la farce et repliez la pâte dessus, comme pour former des ravioli. Coupez la pâte au couteau autour de la farce.

Si vous ne devez pas les servir tout de suite, réservez les barbajuans sur des plateaux légèrement farinés au réfrigérateur.

Juste avant de servir, faites chauffer l'huile dans une bassine à friture; lorsqu'elle frémit, plongez-y les barbajuans, six par six, et retirez-les du bain de friture lorsqu'ils sont bien dorés et gonflés, à l'aide d'une écumoire. Égouttez-les sur du papier absorbant puis dressez-les dans une corbeille tapissée d'une serviette et servez-les bien chauds, à l'apéritif.

On trouve en Lombardie, dans la région de Mantoue, des ravioli à la courge rouge – « Tortelli di Zucca » – dont la farce ressemble beaucoup à celle-ci, et que l'on sert dorés au beurre, la veille de Noël... À Monaco, les « barbajuans » (traduisez « Oncle Jean ») sont dégustés quotidiennement...

RISOTTO AUX TARTUFFI D'ALBA

Photo page 42

POUR 4 PERSONNES

250 g de riz italien : « Arborio » ou « Vialone Nano » • 50 g de moelle de bœuf (dégorgée à l'eau glacée salée) • 50 g d'oignon haché menu • 1 dl de vin blanc sec • 1 litre de fond blanc (p. 17) • 60 g de parmesan râpé • 40 g de truffes blanches d'Alba en fines lamelles + 10 g hachées • 100 g de beurre • 2 c. à c. d'huile de truffes blanches • 150 g de crème fouettée • Sel • Poivre blanc.

Coupez la moelle en tout petits cubes; mettez-la dans une cocotte en fonte de 4 litres avec 25 g de beurre et l'oignon; laissez à peine blondir l'oignon puis ajoutez le riz dans la cocotte; faites-le blondir 5 minutes à feu doux, en le tournant sans cesse puis arrosez-le de vin blanc. Laissez le vin s'évaporer complètement avant d'ajouter le fond blanc en cinq ou six fois. Ne cessez pas de tourner le riz pendant sa cuisson – 18 minutes environ – et attendez que le riz ait absorbé tout le bouillon versé précédemment pour en verser à nouveau. Lorsque le riz est cuit, incorporez-y 40 g de

beurre puis le parmesan, l'huile de truffes et enfin la crème fouettée et les 10 g de truffes finement hachées. Poivrez.
Faites fondre le beurre restant et laissez-le cuire jusqu'à ce qu'il soit blond et sente la noisette.
Répartissez le risotto dans des assiettes creuses; émincez les truffes sur une râpe à truffe au-dessus des assiettes; nappez de beurre noisette... et servez aussitôt.

La Sensibilité du Cuisinier est encore plus Essentielle que sa Technique à la Réussite d'un Plat: l'Œil, le Toucher, l'Odorat, mais aussi la Vue et enfin le Palais – ses Cinq Sens – le Renseignent Mieux sur l'Évolution d'un Mets que la Stricte Observance des Règles Culinaires.

SAINT-JACQUES GRILLÉES EN SALADE D'AUTOMNE AUX TARTUFFI D'ALBA ET COPEAUX DE PARMESAN

Photo page 44

POUR 6 PERSONNES

24 noix de Saint-Jacques prélevées sur des coquillages vivants • 100 g de mesclun • 100 g de mâche • 50 g de feuille de chêne rouge • 100 g de chicorée frisée • 2 truffes blanches d'Alba de 40 g chacune • 1 morceau de parmesan « reggiano » d'au moins de 150 g • Gros sel gris de Guérande • Poivre.

POUR LA VINAIGRETTE

2 dl d'huile d'olive • 2 c. à s. de vinaigre de Xérès • 1 c. à s. de vinaigre balsamique • Sel • Poivre.

POUR LE BEURRE NOISETTE

125 g de beurre • 1 c. à s. de vinaigre de Xérès • 1 c. à s. de vinaigre balsamique • Sel • Poivre.

Lavez longuement les noix de Saint-Jacques, sous l'eau courante; épongez-les. Allumez le four, th. 8 (250°).
Brossez les truffes; émincez-les très finement sur une râpe à truffe. Fendez les noix de Saint-Jacques, horizontalement, sans les séparer, à mi-hauteur; dans chaque fente pratiquée, glissez une lamelle de truffe et une pincée de gros sel gris.
Nettoyez, lavez et essorez les salades. Émulsionnez dans un saladier les éléments de la vinaigrette. Mettez le beurre dans une casserole sur un feu doux; lorsqu'il ne chante plus, sent la noisette et prend une couleur ambrée, retirez-le du feu, filtrez-le et ajoutez-y sel, poivre, vinaigre de Xérès et vinaigre balsamique, en fouettant vivement pour créer une émulsion. Réservez-le au chaud.
À l'aide d'un couteau économe, découpez une vingtaine de larges copeaux dans le morceau de parmesan.
Faites griller les Saint-Jacques sur leurs deux faces, sur la braise puis mettez-les dans un plat à four et glissez le plat au four pour 1 minute. Mettez les

Page 48 : « Légumes des jardins de Provence mijotés à la truffe noire écrasée ». (recette p. 60). Alain Ducasse aime trop les légumes pour leur offrir de subalternes rôles de garnitures. À chaque saison, il leur consacre un menu dégustation intitulé « Jardins de Provence ». Sitôt cueilli dans sa primeur — « légume fane » — chaque légume est préparé et cuit séparément — jamais à l'eau qui délave — avant d'être assemblé en bouquets dont l'apprêt doit être assez subtil pour permettre à chacun d'exprimer sa succulente spécificité : en automne, c'est une délicate vinaigrette arrondie de beurre dans laquelle la truffe noire est écrasée à la fourchette pour mieux y distiller son parfum.

Ci-dessus : « Ris de veau clouté de truffes noires rôti en cocotte, jeunes légumes sautés à cru ». (Recette p. 63). Des éclats de truffe noire incrustés dans une pomme de ris de veau dorée en cocotte : une fête pour l'œil lorsqu'on tranche la chair tendre et nacrée, un régal lorsqu'on la déguste en compagnie de jeunes légumes sautés à cru pour mieux exprimer leur fraîche saveur potagère.

les salades dans la vinaigrette ; mélangez-les ; répartissez-les dans les assiettes ; posez les Saint-Jacques sur la salade, parsemez-les de quelques grains de sel. Couvrez-les de copeaux de parmesan, arrosez-les de beurre noisette... et servez aussitôt. Plus tard dans la saison, vous réaliserez cette recette avec des truffes noires... Vous pouvez aussi huiler les noix de Saint-Jacques et les faire griller dans une poêle antiadhésive, 30 à 40 secondes sur chaque face (inutile, dans ce cas, de les passer au four).

SALADE DE POMMES DE TERRE TIÈDES ET DE TRUFFES À LA TOMATE CONFITE

Photo page 45

POUR 4 PERSONNES

4 pommes de terre nouvelles de 100 g chacune • 80 g de truffes du Périgord • 100 g de cébettes épluchées • 12 copeaux de tomate confite (page 280.) • 1 dl de jus de truffe • 5 c. à s. d'huile d'olive • 1 branche de céleri avec ses feuilles • 1 brin de thym • 12 brins de cerfeuil • 1 c. à s. de gros sel gris de Guérande • Fleur de sel de Guérande • Poivre.

Rincez les pommes de terre ; mettez-les dans une casserole avec la branche de céleri, le brin de thym, le gros sel. Couvrez-les d'eau froide. Laissez-les cuire jusqu'à ce que la pointe d'un couteau les transperce facilement, sur un feu moyen. Hachez grossièrement les cébettes – partie blanche et vert tendre. Faites chauffer 2 cuillères à soupe d'huile dans une sauteuse de 20 cm ; faites-y à peine blondir les cébettes puis ajoutez-y le jus de truffe et laissez-les cuire jusqu'à ce qu'elles soient tendres et que le jus de truffe se soit presque entièrement évaporé. Salez-les et poivrez-les à mi-cuisson. Brossez et lavez les truffes ; émincez-les, pas trop finement – 1,5 mm à 2 mm – sur une râpe à truffes. Coupez en deux les copeaux de tomate confite. Lorsque les pommes de terre sont cuites, pelez-les toutes chaudes et coupez chacune d'elles en 5 rondelles de 1 cm. Répartissez les rondelles de pommes de terre dans les assiettes, et couvrez-les de cébettes puis de lamelles de truffe. Parsemez de tomate confite, de cerfeuil et de fleur de sel. Poivrez. Nappez d'un filet d'huile d'olive (ou mieux, d'huile d'olive parfumée aux truffes)... et servez aussitôt.

HOMARD BRETON, MACARONI ET TRUFFES EN COCOTTE LUTÉE

Photo page 47

POUR 4 PERSONNES

4 homards bretons de 500 g chacun • 200 g de macaroni courts ou de « penne » • 80 g de truffes • 8 copeaux de tomate confite (p. 280) • 1 l de fumet de homard (p. 22.) • 36 feuilles de basilic • 2 dl d'huile d'olive • 100 g de beurre mou • Sel • Poivre.

« Poulette jaune des Landes rôtie à la broche, gratin de côtes de blettes à la moelle, grosses frites à la graisse d'oie ». (Recette p. 63).
Rôtir une volaille farcie à la broche verticale et tournante implique que l'on tienne compte de ce mode de cuisson idéal en composant et en introduisant dans la poulette la farce dont elle est garnie : une recette à lire avec attention.

Page 54-55 : « Le Rocher vu du jardin exotique. » Monaco-ville, capitale de la principauté de Monaco, état souverain de 192 hectares, « charmante orangerie » selon Alexandre Dumas, est bâtie sur un rocher de 300 mètres de large et de 60 mètres de haut s'avançant à 800 mètres en Méditerranée, couvert par la vieille ville, le palais princier, la cathédrale, les jardins Saint-Martin et le musée océanographique. Situé sur de hautes falaises percées de grottes le jardin exotique offre de ses belvédères un magnifique panorama sur le Rocher, le port, Monte-Carlo, le Cap Martin et la Riviera italienne. La principauté comprend Monaco – la vieille ville –, Monte-Carlo – la ville nouvelle –, la Condamine et Fonvieille.

Ci-contre : « Foie gras de canard confit. » (Recette p. 67). Macéré 24 heures dans du sel et du poivre, poché 20 minutes, confit 25 jours dans la graisse clarifiée et salée du canard dont il est issu, le foie gras trouve dans cette recette traditionnelle toute simple, l'expression la plus évocatrice de son terroir d'origine.

POUR LA PÂTE À LUTER

500 g de farine • 200 g de beurre • 2 œufs + 1 jaune • 1/2 c. à s. de vinaigre.

Préparez d'abord la pâte à luter en mélangeant tous les ingrédients – sauf le jaune d'œuf – sans trop les travailler, à la main ou dans un robot.
Coupez les copeaux de tomate en quatre.
Brossez les truffes et coupez-les en rondelles de 1/2 cm d'épaisseur, puis en bâtonnets.
Faites bouillir de l'eau dans une casserole; salez-la; plongez-y les pâtes, faites-les cuire à demi puis égouttez-les. Pilez dans un mortier ou dans un robot 24 feuilles de basilic avec 2 cuillères à soupe d'huile d'olive; ciselez les 12 feuilles restantes.
Allumez le four, à air pulsé de préférence, th. 6 (200 °).
Étalez la pâte à luter au rouleau sur une épaisseur de 3 mm; découpez-y quatre bandes de 50 cm x 10 cm.
Faites chauffer 2 cuillères à soupe d'huile d'olive dans une sauteuse de 24 cm; ajoutez 20 g de beurre et, lorsqu'il a fondu, faites-y revenir les bâtonnets de truffe 2 minutes, puis versez le fumet de homard; plongez-y les pâtes; laissez-les cuire 3 minutes puis retirez-les, ainsi que les truffes, de la sauteuse et répartissez-les dans quatre cocottes en terre de 18 cm de diamètre. Laissez réduire le fumet de moitié; ajoutez-y 20 g de beurre en fouettant vivement, les tomates confites et le basilic ciselé, puis répartissez-le dans les cocottes, sur les pâtes et les truffes.
Détachez les pinces des homards des têtes; coupez les queues en trois tronçons. Cassez les pinces d'un coup de batte pour faciliter le décorticage.
Dans une poêle de 28 cm, faites chauffer 4 cuillères à soupe d'huile d'olive; jetez-y les morceaux de homard et faites-les cuire à feu vif, 3 minutes en les tournant sans cesse, juste pour les saisir. Rangez les médaillons de homard et les pinces dans les cocottes. À l'aide d'une petite cuillère, récupérez le corail contenu dans les têtes et réservez-le dans un grand bol. Répartissez les têtes dans les cocottes. Nappez d'huile d'olive restante, couvrez les cocottes. Scellez les couvercles à l'aide des bandes de pâte à luter. Délayez le jaune d'œuf avec 1 c à s d'eau et badigeonnez la pâte de ce mélange, à l'aide d'un pinceau. Mettez les coçottes au four pour 8 minutes.

GRILLER, RÔTIR, POÊLER, MIJOTER: APRÈS AVOIR CHOISI L'USTENSILE ADÉQUAT, IL FAUT SURVEILLER L'HEURE, MAÎTRISER LE FEU, ÊTRE VIGILANT… CAR C'EST LA CUISSON JUSTE – EN MODE ET EN TEMPS – QUI SEULE RÉVÈLE LA TEXTURE IDÉALE, LES SAVEURS SUBTILES ET LES PARFUMS SPÉCIFIQUES DES CHAIRS.

« Reine des reinettes, à Pigna. »
Le climat doux mais frais qui règne dans l'arrière-pays est plus propice à la culture des pommes que celui du littoral. Superbe dans sa robe couleur d'automne, flammée de jaune et de rouge, la « reine des reinettes » apparaît ici dès la fin de l'été. Sa chair croquante et succulente, ferme, sucrée, très délicatement parfumée, ne se délite pas à la cuisson.

« Fruits d'hiver rôtis en corolles feuilletées ». (Recette page 73). Pommes, poires, raisins, pulpe, peau et pépins saisis dans l'onctuosité d'un caramel au beurre vanillé, composent avec de fines corolles de pâte feuilletée un chaleureux dessert où la note croustillante de la pâte joue un délicieux duo avec la texture moelleuse des fruits.

Ajoutez le basilic pilé et le beurre mou au corail des homards en fouettant vivement; gardez ce beurre coraillé dans un endroit tiède.
Présentez à table les cocottes lutées; brisez la pâte, ôtez les couvercles, versez 1/4 de beurre ancoraillé dans chaque cocotte, mélangez délicatement et... dégustez aussitôt.

LÉGUMES DES JARDINS DE PROVENCE MIJOTÉS À LA TRUFFE NOIRE ÉCRASÉE

Photo page 48

POUR 4 PERSONNES

16 carottes fanes (très jeunes carottes) • 16 navets fanes • 4 artichauts violets • 4 courgettes-fleurs • 2 bulbes de fenouil • 8 très jeunes poireaux • 8 radis ronds rouges • 500 g de petits pois • 500 g de févettes • 100 g de haricots verts • 8 pointes d'asperges (facultatif) • 30 g de truffe noire écrasée à la fourchette • 1 c. à s. de vinaigre vieux de vin • 2 c. à s. de jus de citron • 1/2 l de bouillon de poule • 1/2 l de fond blanc (p.17) • 100 g de beurre • 4 c. à s. d'huile d'olive • Sel de mer fin • Poivre blanc • Gros sel gris de Guérande.

Pelez les carottes et les navets; laissez 1 cm de fanes; ne gardez des fenouils que les cœurs; détaillez-les en copeaux; coupez la racine des radis et les fanes à 1 cm du bulbe; coupez les racines et la partie vert sombre des poireaux; retirez le pistil des fleurs des courgettes et coupez-en la tige; écossez les petits pois et les févettes; équeutez les haricots verts; ne gardez des artichauts que le cœur et 1 cm de feuilles tendres et de tige; coupez-les en quatre; réservez-les dans le jus de citron coupé d'autant d'eau. Faites précuire séparément, «à l'anglaise» afin qu'ils gardent leur couleur verte: les haricots verts, les petits pois, les févettes, les courgettes-fleurs et les asperges... c'est-à-dire: plongez-les dans de l'eau bouillante salée; une fois cuits al dente, égouttez-les, plongez-les dans de l'eau glacée et égouttez-les à nouveau. Faites cuire les artichauts dans un peu de fond blanc; égouttez-les.
Faites chauffer 2 cuillères à soupe d'huile dans une sauteuse de 26 cm; ajoutez 50 g de beurre et lorsqu'il a fondu, mettez dans la sauteuse: les carottes, les navets, les copeaux de fenouil. Faites-les à peine blondir, en les tournant sans cesse avec une spatule, pendant 5 minutes, puis mouillez-les de fond blanc – 1/4 de litre – et d'autant de bouillon de poule. Laissez-les cuire à découvert, jusqu'à ce qu'ils soient tendres en ajoutant fond ou bouillon si cela est nécessaire, puis mettez tous les légumes verts précuits à l'anglaise dans la sauteuse et mouillez-les de bouillon et de fond restants.
Lorsque tous les légumes sont cuits, ajoutez la truffe, l'huile d'olive restante, poivre et vinaigre dans la sauteuse; donnez un bouillon à feu vif puis ajoutez le beurre restant en petits cubes et faites tourner la sauteuse deux minutes afin que le beurre enrobe tous les légumes et que leur jus s'émulsionne. Dressez les légumes en dômes dans des assiettes creuses; nappez-les

Page 61 : « Jarret de veau de lait fermier poché puis glacé blond, blettes mijotées au vinaigre vieux » (Recette page 74). Le secret de cette blonde viande fondante, enrobée d'une glace brillante, et de son jus ambré, onctueux et parfumé : une cuisson en deux temps. Le jarret longuement poché à chaleur douce dans un fond de veau est ensuite rôti au four, constamment arrosé de son jus...

Ci-dessus : « Bottillons de blettes à côtes. » Au marché Forville, à Cannes, de jeunes blettes aux feuilles grasses et crépues et aux côtes lisses et cassantes, dont Provençaux et Ligures sont friands, et dont ils utilisent séparément le vert et le blanc. Le vert, juste fané à la poêle, sert à la confection des farces pour ravioli, cannelloni, volailles. Les côtes, préalablement pochées dans un « blanc » – eau additionnée de farine et de jus de citron qui leur évite de noircir –, sont ensuite servies, nappées de jus de viandes ou en tians gratinés, comme garniture des viandes, volailles et poissons... En Italie du Sud, après avoir fait dorer à la poêle les côtes émincées en compagnie d'une gousse d'ail, d'un « peperoncino » (piment-oiseau) et d'un filet d'anchois au sel, on y ajoute les feuilles coupées en deux, et, dès qu'elles ont fané, on sert le tout comme garniture... Pour les tourtes aux blettes niçoises comme pour les tourtes pasqualines ligures, seules les feuilles sont utilisées, crues, finement émincées. Il existe une variété de blette sans côtes, dite « bette à feuilles » dans le Nord de la France. Cette chénopodiacée cousine de l'épinard, dont le goût est celui du vert de la blette à côtes, c'est-à-dire doux et suave, n'a pas d'arrière-goût astringent et âcre dû à la grande présence du fer comme dans les feuilles de l'épinard.

de leur jus, parsemez-les de quelques grains de gros sel et... servez aussitôt.

RIS DE VEAU CLOUTÉ DE TRUFFES NOIRES RÔTI EN COCOTTE, JEUNES LÉGUMES SAUTÉS À CRU

Photo page 51

POUR 4 PERSONNES

3 pommes de ris de veau de lait fermier de 200 g chacune, parées • 40 g de truffes coupées en bâtonnets de 1/2 cm de section • 60 g de truffes hachées • 1 dl de jus de veau (p. 19) • 2 c. à s. d'huile d'olive • 60 g de beurre • Sel • Poivre.

POUR LA GARNITURE

100 g de jeunes carottes pelées coupées en rondelles de 1/2 cm • 60 g de cébettes pelées coupées en bâtonnets de 1 cm • 60 g de cœurs de petits artichauts violets émincés • 60 g de pointes d'asperges • 100 g de petits pois écossés • 60 g de petits oignons grelots pelés • 100 g de champignons émincés • 5 cl de fond blanc (p. 17) • 1 1/2 c. à s. d'huile d'olive • Sel • Poivre.

Plongez les ris de veau dans de l'eau bouillante salée ; faites-les blanchir 2 minutes, puis plongez-les dans de l'eau froide et épongez-les. Cloutez-les de truffes en bâtonnets. Salez-les. Poivrez-les. Faites chauffer l'huile dans une sauteuse de 26 cm ; ajoutez-y le beurre et lorsqu'il a fondu, mettez les ris de veau dans la sauteuse ; faites-les dorer de tous côtés, pendant 10 minutes puis mettez-les sur une grille placée au-dessus d'un plat creux et couvrez-les d'une feuille d'aluminium. Jetez le gras de cuisson des ris de veau ; versez le jus de veau pour déglacer ; ajoutez les truffes hachées ; laissez mijoter 5 minutes.
Pendant ce temps, faites chauffer l'huile d'olive dans une sauteuse de 24 cm ; jetez-y les légumes ; faites-les à peine blondir 2 minutes, puis mouillez-les de fond blanc. Salez. Poivrez. Laissez-les cuire al dente, à feu vif, puis répartissez-les dans les assiettes ; coupez les ris de veau en tranches de 1,5 cm ; disposez-les en éventail sur les légumes. Ajoutez le jus des ris de veau dans la sauteuse ; faites réchauffer ; nappez les ris de veau et les légumes de jus truffé... et servez aussitôt.

POULETTE JAUNE DES LANDES RÔTIE À LA BROCHE, GRATIN DE CÔTES DE BLETTES À LA MOELLE, GROSSES FRITES À LA GRAISSE D'OIE

Photo page 53

POUR 4 PERSONNES

1 poulette fermière des Landes, jaune, prête à rôtir, de 1,3 kg • 200 g de pain de mie en tranches de 1,5 cm • 150 g de lard de poitrine maigre • 100 g de foies de volaille • 200 g de foie gras de canard cru • 70 g de truffes en lamelles épaisses • 1 dl d'huile d'olive • 200 g de beurre • Sel • Poivre.

POUR LE GRATIN

500 g de côtes de blettes • 200 g de moelle de bœuf (dégorgée dans de l'eau salée glacée) • 30 g de truffes en lamelles • 15 g de truffes hachées • 80 g de parmesan râpé • 2 dl de jus de poulet (p. 19) • 3 dl de fond de volaille (p. 17) • 50 g de beurre • Sel • Poivre.

POUR LES FRITES

12 grosses pommes de terre à chair farineuse • 300 g de graisse d'oie • 1 gousse d'ail en chemise • 2 c. à s. de persil plat grossièrement ciselé • 100 g de beurre • Fleur de sel de Guérande • Poivre.

Préparez la farce de la poulette : parez les tranches de pain, coupez la mie en cubes et faites-les dorer au beurre ; égouttez-les. Dénervez les foies de volaille ; coupez-les en carrés de 1 cm ; ôtez la couenne du lard ; coupez-le en petits cubes de 1 cm ; faites dorer à l'huile d'olive lardons et foies de volaille ; égouttez-les. Coupez le foie gras en cubes de 2 cm ; faites-les dorer à feu vif, et à sec, dans une poêle antiadhésive de 26 cm, en les tournant sans cesse ; égouttez-les ; mélangez tous les ingrédients ; salez-les ; poivrez-les.

Rabattez la peau du cou de la volaille sur le dos ; cousez-la, pour éviter que la farce ne s'échappe. Avec la main huilée, décollez la peau qui recouvre les suprêmes et les hauts de cuisse et glissez-y les lamelles de truffe puis farcissez la poulette, cousez-la ; bridez-la. Faites-la cuire à la broche 45 minutes, en l'arrosant souvent, puis laissez-la reposer au chaud, sur une grille placée au-dessus d'un plat creux pour recueillir son jus. Notez que, si vous faites rôtir la volaille à la verticale, il ne faut pas mélanger tous les ingrédients de la farce mais glisser dans la poulette d'abord les croûtons, ensuite les foies de volaille et les lardons, et enfin le foie gras, afin que pendant la cuisson celui-ci, en fondant, nourrisse les autres éléments en même temps que la chair de la poulette.

Pendant la cuisson de la volaille, préparez le gratin : épluchez les côtes de blettes ; coupez-les en rectangles de 2 x 5 cm. Faites fondre le beurre dans une sauteuse ; jetez-y les côtes de blettes ; faites-les cuire à feu doux 5 minutes et, avant qu'elles ne dorent, mouillez-les de fond de volaille. Lorsqu'elles sont tendres, égouttez-les et faites-les mijoter avec la truffe hachée et un peu de jus de poulet ; salez-les ; poivrez-les.

Faites bouillir de l'eau dans une casserole moyenne ; salez-la ; faites-y pocher la moelle, à tout petits frémissements pendant 5 minutes, puis coupez-la en lamelles de 0,5 cm. Dans un plat à gratin, disposez une rangée de côtes de blettes en les faisant se chevaucher ; couvrez-la d'une deuxième rangée de côtes de blettes en les alternant avec une lamelle de truffe et une lamelle de moelle, puis couvrez d'une troisième et dernière rangée de côtes de blettes ; nappez de jus de poulet. Poudrez de parmesan.

Découpez les pommes de terre en cylindres de 1,5 cm de diamètre et de 10 cm de long ;

« Porchetta farcie façon Riviera ». (Recette page 79).
La « porchetta », c'est le porcelet, le cochon de lait, dont la couenne tendre est vouée à la broche. Une fois désossé, on le farcit de tout ce que les deux Rivieras comptent de légumes goûteux et colorés et d'herbes odorantes – dont la marjolaine fraîche, presque toujours présente dans les farces des viandes en Ligurie – liés d'œufs et de riz et relevés de parmesan... Ensuite on le ficelle, puis on le fait rôtir en l'arrosant d'huile parfumée de thym et de romarin, jusqu'à ce que la couenne croustille et se craquèle. Douze convives peuvent partager ce festin, à déguster chaud à table, tiède sur un buffet, froid en pique-nique.

« Forêts domaniales de l'arrière-pays niçois vues de Thorenc. »
Au coucher du soleil, les chasseurs quittent les montagnes de Bleine et de Thorenc par le col de Bleine, à 1.439 mètres d'altitude. « C'est un enchantement, une vision de paradis qui prolonge la journée, que le spectacle de la brume envahissant lentement le paysage », déclare René Schmid, président de la « Société de chasse de Nice », grand amoureux de la nature.
La journée s'est passée à écouter et à faire entendre aux plus jeunes le son de la forêt, ses cris d'oiseaux, ses bruissements d'ailes, ses halètements, ses galops, ses petits pas, ses silences.
Sous les épicéas, et les hêtres, les chênes verts et les chênes, on a cueilli de pleines besaces d'arbouses, des bouquets d'herbes sauvages, des champignons sylvestres et on a regardé passer, sans forcément les tirer, chevreuils, sangliers, tétras-lyres, bécasses, grives et pigeons ramiers cousins des palombes : car dans ces foreêts domaniales où l'on ne pénètre pas sans droit de chasse, on ne tire pas le gibier lorsqu'on a atteint son quota. Ainsi les chasseurs maintiennent-ils eux mêmes l'équilibre écologique, la sauvage harmonie de l'arrière-pays, à 70 kilomètres seulement de Nice.

rincez-les longuement puis égouttez-les et épongez-les; faites cuire les grosses frites dans une grande poêle, dans la graisse d'oie, avec la gousse d'ail; lorsqu'elles sont bien dorées, égouttez-les dans une passoire, jetez la graisse d'oie, remplacez-la par le beurre et faites-le fondre sur feu doux.
Au moment de servir, roulez les grosses frites dans le beurre pour les réchauffer et bien les colorer. Faites dorer le gratin au gril du four. Pour une plus jolie présentation de la poulette et pour la lustrer, badigeonnez-la de beurre et dressez-la dans un plat; versez le jus de poulet restant réchauffé et mélangé au jus de la poulette dans une saucière; parsemez les frites de persil; égouttez-les; poudrez-les de fleur de sel; dressez-les en dôme sur un plat... et portez le tout aussitôt à table.

FOIE GRAS DE CANARD CONFIT

Photo page 56

POUR 8 PERSONNES

2 foies gras de canard de 600 g chacun • 20 g de sel de mer fin • 8 g de poivre blanc moulu • 3 kg de graisse de canard brute • 150 g de gros sel de mer • 10 g de sucre semoule.

Mélangez poivre et sel de mer fin; poudrez-en les foies sur toutes leurs faces. Laissez-les macérer 24 heures au réfrigérateur.

Clarifiez la graisse: mélangez le gros sel et le sucre; mettez la graisse brute (telle qu'elle a été prélevée à l'intérieur du canard) dans une grande marmite, par couches, en la poudrant au fur et à mesure, de gros sel et de sucre. Laissez-la macérer 24 heures puis rincez-la longuement et hachez-la au hachoir grosse grille. Versez 1 cm d'eau dans la marmite et remettez-y la graisse hachée. Laissez-la fondre

LA MÉMOIRE GASTRONOMIQUE D'UN TERROIR EXISTE GRÂCE AUX RECETTES MITONNÉES DANS L'OMBRE PAR DES CORDONS-BLEUS DONT ON NE SAIT PLUS D'OÙ NI DE QUI ILS DÉTIENNENT CERTAINS SECRETS, CERTAINS TOURS DE MAIN.
EN LES LEUR EMPRUNTANT, JE FAIS ŒUVRE PIEUSE: JE SAUVE DE L'OUBLI CES TRÉSORS CACHÉS DU GOÛT QU'AUCUN MUSÉE NE SAURAIT ACCUEILLIR.

sur un feu doux, en l'écumant, puis retirez la marmite du feu. Prélevez la graisse qui surnage au-dessus de l'eau, à la louche, et filtrez-la. Remettez cette graisse clarifiée dans la marmite; faites-la chauffer à 90 °, puis plongez-y les foies. Laissez-les cuire 10 minutes de chaque côté – retournez-les à l'aide d'une écumoire – à une température de 80 °; retirez-les de la graisse; mettez-les sur une plaque; couvrez-les d'un film et laissez-les s'égoutter et

refroidir, deux heures ou plus. Enveloppez alors chaque foie dans du film adhésif et mettez-les dans deux terrines. Couvrez-les de graisse froide mais encore liquide. Mettez les terrines au réfrigérateur et... attendez 25 jours avant de déguster les foies.
Au moment de les servir, retirez la graisse et le film et coupez les foies en tranches de 1,5 cm. Servez les foies confits accompagnés de mesclun et de légumes croquants – haricots verts, petits pois, cèpes, tomates – assaisonnés d'huile d'olive et de jus de citron et parsemés de julienne de truffe. Présentez en même temps des tranches de pain de campagne grillées.

TERRINE DE POULE EN GELÉE AU FOIE GRAS, CÈPES À L'HUILE ET MESCLUN AUX TRUFFES

POUR 4 PERSONNES

1 jeune poule de ferme de 2 kg • 1 pied de veau paré • 150 g de foie de canard confit (page 67) • 7 dl de vin blanc • 2 dl de vinaigre de vin • 1 gros oignon • 4 clous de girofle • 2 échalotes • 2 gousses d'ail • 1 bouquet garni : 1 branche de céleri, 3 brins de persil, 2 brins de thym, 2 feuilles de laurier • 30 g de gros sel de mer • 20 g de poivre en grains.

POUR LA GARNITURE

200 g de cèpes à l'huile • 200 g de mesclun lavé et essoré • 10 g de truffe hachée • 10 g de truffe en lamelles • 3 c. à s. de jus de truffe • 3 c. à s. de jus de poulet (page 19) • 3 c. à s. de vinaigre de vin • 1 petit bouquet de ciboulette • Sel • Poivre.

Videz la poule ; réservez le gésier, le cou, les ailerons. Découpez-la en quatre et mettez tous les morceaux de poule et les abattis dans une grande quantité d'eau avec des glaçons, pendant 2 heures.
Plongez le pied de veau dans l'eau bouillante ; faites-le blanchir 10 minutes ; retirez les poils ; coupez-le en deux dans le sens de la longueur. Allumez le four, th. 6 (200 °).
Pelez l'oignon, piquez-le de clous de girofle, liez les éléments du bouquet garni. Pelez les échalotes.
Mettez les morceaux de poule dans une grande cocotte ; ajoutez le pied de veau, l'oignon clouté, le bouquet garni, les échalotes et les gousses d'ail. Ajoutez le vin et autant d'eau, le vinaigre, sel et poivre. Couvrez la cocotte ; glissez-la au four ; baissez le thermostat à 3 (125 °) et laissez cuire 3 heures 30. Laissez refroidir avant de désosser la poule ; puis filtrez le bouillon au chinois étamine doublé d'une gaze pour obtenir une gelée limpide.
Dans une terrine en porcelaine ovale, disposez les plus petits morceaux de poule ; versez un peu de gelée, et disposez, après les avoir coupés en lamelles de 1,5 cm, les morceaux de blanc et de cuisse et le foie gras confit en tranches de 1 cm ; couvrez le tout de gelée. Mettez la terrine au réfrigérateur, pour 4 heures au moins.
Au moment de servir, émulsionnez dans un saladier : l'huile d'olive, le jus de truffe, le

« Canon de moelle pochée poivre et sel, à la coque. » Un « canon » est une portion de tibia – de 6 à 7 cm – seule partie du bœuf où la moelle est exempte de fibres. Dans les cuisines du Louis XV, les canons sont soigneusement grattés au couteau puis plongés toute une nuit dans de l'eau salée glacée, afin d'éliminer toute trace de sang. Avant de les servir entiers, avec fleur de sel et poivre mignonnette, « à la coque », pour accompagner, par exemple, une côte de bœuf grillée sur les braises, on les fait pocher à l'eau frémissante, 10 mn environ. On coupe aussi longitudinalement les canons, à l'aide d'une scie, puis on les fait griller sur une feuille d'aluminium placée sur le gril... La moelle pochée désossée est très présente dans les recettes d'Alain Ducasse : il faut casser les os avec une grande dextérité pour libérer la moelle sans la briser, puis le faire dégorger à l'eau salée glacée, avant de la couper en rondelles et de le pocher 2 mn dans de l'eau frémissante pour l'intégrer à un gratin de cardons, par exemple, ou la couper en cubes et la mêler à des légumes ou à des petits sautés d'abats garnissant des rôties servies en accompagnement des volailles ou de l'agneau de lait.

*« Le col de Braus. »
À 1.002 mètres d'altitude, entre Sospel et l'Escarène, la route tracée en corniche et parfois surplombée par la roche est une longue suite de lacets tourmentés.*

« Dernière figue "Bellone" séchant sur l'arbre. »
En fin de saison, les figues « Bellones » dites aussi « cols de Dame » restées sur les branches sont gorgées de soleil ; à demi séchées, fondantes et très douces, elles gouttent de miel : leur éphémère saveur de fruit semi-confit se marie bien avec le gibier, le jambon cru de montagne, les fromages de brebis fermiers et les noix, dont on glisse un cerneau à l'intérieur avant de croquer ce « capucin »...

Ce sont ces fruits, poudrés de graines d'anis, enveloppés dans des feuilles de figuier avec des herbes de Provence qu'on laisse sécher jusqu'à Noël, pour les faire figurer parmi les treize desserts en petits ballots ficelés de raphia, les « capouns ».

vinaigre, le jus de poulet, sel et poivre ; ajoutez la truffe hachée, le mesclun, la ciboulette en bâtonnets, la truffe en lamelles. Mélangez. Mettez les cèpes dans un plat. Portez-les à table avec la salade et la poule dans sa terrine... et accompagnez le tout de tranches de pain de campagne grillées.

FRUITS D'HIVER RÔTIS EN COROLLES FEUILLETÉES

Photo page 59

POUR 4 PERSONNES

1 pomme reinette • 1 poire • 1 grappe de raisin noir de 200 g • 1 grappe de raisin blanc de 200 g • 12 grosses fraises • 2 gousses de vanille • 1 dl de jus de fraise (page 261) • 50 g de sucre semoule • 50 g de beurre.

POUR LES COROLLES

200 g de pâte feuilletée • 70 g de sucre glace.

Coupez la pâte feuilletée en quatre. Étalez chaque morceau de pâte au rouleau, le plus finement possible, sur le plan de travail poudré de sucre glace, afin que le sucre pénètre la pâte sur ses deux faces. Dans chaque abaisse de pâte, découpez des disques de 8 cm de diamètre, à l'aide d'un emporte-pièce lisse. Déposez ces disques de pâte sur une plaque antiadhésive et laissez-les reposer 1 heure.

Allumez le four, th. 6 (200 °). Glissez la plaque au four ; lorsque la pâte est très dorée, caramélisée, retirez-la du four ; posez chaque disque de pâte dans un bol de 6 cm de diamètre, afin qu'en refroidissant, les disques de pâte deviennent des corolles. Dressez-les au centre des assiettes.

Lavez les fruits, épongez-les ; coupez en deux, dans le sens de la longueur, les gousses de vanille ; coupez verticalement, en huit, les pommes et les poires. Détaillez les grappes de raisin, aux ciseaux, en petits grappillons de 3 ou 4 grains.

Faites fondre le beurre dans une poêle de 26 cm ; ajoutez-y le sucre et jetez-y les fruits et les demi-gousses de vanille ; faites-les rôtir à feu plutôt vif puis à l'aide d'une spatule à fentes, répartissez-les dans et autour des corolles. Versez une cuillère à soupe d'eau dans la poêle pour la déglacer, puis versez-y le jus de fraise ; laissez réduire à feu vif, jusqu'à obtention d'un sirop bien nappant ; nappez-en les fruits ; décorez de demi-gousses de vanille... et servez aussitôt.

SEULS GRAINS DE SEL DIGNES DE FIGURER À TABLE : CEUX DE LA FLEUR DE SEL, PETITS CRISTAUX BLANCS PEU SALÉS, AU LÉGER GOÛT DE VIOLETTE. QUANT AUX GRAINS DE POIVRE, ILS DOIVENT ÊTRE NOIRS, LÉGÈREMENT RÔTIS AVANT D'ÊTRE CONCASSÉS POUR DISTILLER DANS LES PLATS LEURS CAPITEUX ARÔMES BOISÉS, ÉVOQUANT L'ENCENS.

JARRET DE VEAU DE LAIT FERMIER POCHÉ PUIS GLACÉ BLOND, BLETTES MIJOTÉES AU VINAIGRE VIEUX

Photo page 61

POUR 4 PERSONNES

1 jarret arrière de veau de lait fermier, paré, de 1,6 kg

POUR LA CUISSON DU JARRET

1/4 l de fond de veau (page 17) • 1 carotte pelée • 1 branche de céleri avec ses feuilles • 1 oignon pelé • 1 brin de thym • 1 c. à s. de gros sel • 1 c. à c. de poivre en grains.

POUR LA GARNITURE ET LE JUS

1 kg de jeunes blettes • 3 tomates de 150 g chacune • 4 cébettes • 4 c. à s. de jus de citron • 2 dl de jus de veau (page 19) • 1 dl de fond de volaille (page 17) • 1 c. à s. de vinaigre vieux • 2 c. à s. d'huile d'olive • 50 g de beurre • Sel • Poivre.

POUR SERVIR

2 c. à s. de gros sel gris de Guérande • 2 c à s. de poivre noir de Java concassé.

Allumez le four th. 3 (125 °). Couchez le jarret dans une cocotte en fonte ovale de 30 cm ; entourez-le de la carotte coupée en trois, de la branche céleri coupée en quatre, de l'oignon coupé en deux, du brin de thym, du gros sel et du poivre en grains.

Faites bouillir le fond de veau. Versez-le dans la cocotte ; ajoutez de l'eau bouillante, jusqu'à ce que le jarret soit juste couvert de liquide. Couvrez la cocotte. Glissez-la au four pour 2 heures ; après 1 heure de cuisson, retournez le jarret sur l'autre face.

Pendant ce temps, préparez la garniture : lavez les blettes ; séparez le vert des côtes et coupez-le en lamelles de 2 cm de large ; effilez les côtes ; coupez-les en lamelles obliques de 2 cm ; plongez-les dans de l'eau additionnée du jus de citron. Pelez les tomates, coupez leur pulpe en dés de 1 cm, en éliminant les graines. Pelez les cébettes et coupez en bâtonnets obliques de 2 cm la partie blanche et vert tendre.

Lorsque le jarret a cuit 2 heures, retirez-le de la cocotte et mettez-le dans un plat à four. Augmentez la chaleur du four au th. 6 (200 °). Filtrez le fond de cuisson du jarret et faites-le réduire de moitié sur un feu vif, dans une grande casserole.

Versez le vinaigre dans une petite casserole ; faites-le réduire à sec et ajoutez le jus de veau. Ajoutez la moitié de ce jus au fond de veau et versez le mélange dans le plat contenant le jarret. Glissez le plat au four. Faites cuire le jarret 30 minutes, en l'arrosant très souvent de son jus, jusqu'à ce qu'il soit couvert d'une glace blonde et sirupeuse, et que la chair se détache de l'os.

Pendant ce temps, faites cuire les blettes : plongez les côtes dans de l'eau bouillante salée ; faites-les cuire 5 à 6 minutes : elles doivent être tendres ; égouttez-les. Faites fondre le beurre dans une sauteuse de 26 cm ; faites-y à peine blondir les côtes de blettes, ajoutez les dés de tomate et les

« Confiture de figues Bellones mi-séchées ». (Recette page 96). Les fruits mi-séchés au soleil comme les figues Bellones de l'automne ont un avant-goût de confiture... Pour parachever l'œuvre du soleil, il suffit de les faire cuire avec deux fois moins de sucre et en trois fois moins de temps. L'exquise confiture de figues Bellones mi-séchées se déguste sur une tranche de pain de campagne grillée, mais aussi comme dessert, dans une coupelle, bien fraîche, nappée de crème double à température ambiante.

cébettes; laissez cuire 5 minutes, en tournant souvent; versez le fond de volaille pour déglacer et laissez-le réduire.

Faites chauffer l'huile d'olive dans une poêle de 26 cm; jetez-y le vert de blettes et lorsqu'il a fané, après 1 minute à 1 minute 30, ajoutez-le dans la sauteuse; mélangez-le aux côtes, dans la sauteuse; ajoutez le reste du jus de veau vinaigré.

Présentez le jarret de veau dans un plat de service, debout; les blettes dans un plat rond couvert, la sauce dans une saucière, gros sel et poivre concassé mélangés dans une cassolette. Le jarret sera découpé à table... et chaque convive le poudrera de sel et poivre avant de le déguster entouré de blettes et de jus délicatement acidulé et très onctueux.

SAUTÉ GOURMAND POUR MICHEL : GNOCCHI DE RICOTTA, CRÊTES ET ROGNONS DE COQ, CHAMPIGNONS DES BOIS, HOMARD ET TRUFFES NOIRES

POUR 4 PERSONNES

4 crêtes de coq • 4 rognons de coq • 2 homards de 400 g chacun • 50 g de girolles • 50 g de morilles • 4 lamelles de truffe • 40 g de parmesan râpé • 2 dl de fond blanc (page 17) • 1,5 dl de jus de veau (page 19) • 1 dl de jus de truffe • 100 g de beurre • 3 c. à s. d'huile d'olive • 12 brins de cerfeuil • 4 c. à s. de jus de citron • 1 c. à s. de farine • Sel • Poivre.

POUR LES GNOCCHI

250 g de ricotta • 25 g de farine de blé blanche • 1 œuf • 1 dl d'huile d'olive • 4 pincées de noix muscade râpée • Sel • Poivre.

Versez 1 litre 1/2 d'eau dans une casserole; salez-la; ajoutez-y la farine, en fouettant, et 3 cuillère à soupe de jus de citron; portez à ébullition; plongez les crêtes de coq dans ce « blanc »; laissez-les cuire 2 heures, à petits frémissements.

Plongez les homards dans de l'eau bouillante salée; faites-les cuire 7 minutes; rafraîchissez-les dans de l'eau glacée puis décortiquez-les. Coupez quatre médaillons dans les queues et réservez les pinces entières.

Coupez le bout terreux du pied des champignons; lavez-les; faites-les cuire séparément: les girolles dans une noix de beurre et 1/2 cuillère à soupe d'huile, bien dorées; les morilles juste chauffées dans une noix de beurre, mouillées de 2 cuillère à soupe de fond blanc et étuvées 15 minutes

Préparez les gnocchi: mettez tous les ingrédients dans une terrine; mélangez le tout au fouet, vivement, jusqu'à ce que vous obteniez une pâte lisse et homogène.

Faites chauffer de l'eau dans une marmite de 26 cm; salez-la; lorsqu'elle frémit, faites tomber dans l'eau des petites quenelles de ricotta formées entre deux cuillères à café: les gnocchi. Lorsqu'ils remontent à la surface, ils sont cuits.

Page 77 : « Aile de bécasse déployée. » La petite plume qui interrompt la courbe de l'aile est très recherchée des peintres pour son extrême finesse, sa souplesse et sa solidité.

Ci-contre : « Bartavelles. » Les Bartavelles sont des perdrix rouges qui se nourrissent de baies et de fruits sauvages et dont la chair est tendre et très savoureuse.

Plongez-les aussitôt dans de l'eau glacée puis égouttez-les et réservez-les sur une plaque huilée.
Plongez les rognons dans de l'eau bouillante salée ; laissez-les cuire 2 minutes puis plongez-les dans de l'eau glacée.
Lorsque les crêtes sont cuites, parez-les (coupez-en les pointes et aussi le dessous) et partagez-les en trois. Faites fondre 50 g de beurre dans une sauteuse de 24 cm ; mettez les crêtes, les champignons, le jus de truffe et les lamelles de truffe dans la sauteuse. Faites chauffer puis ajoutez le jus de veau. Laissez mijoter 3 minutes.
Faites fondre le beurre restant dans une poêle de 26 cm ; faites chauffer les gnocchi dans le beurre chaud, et faites-les légèrement blondir, puis poudrez-les de parmesan en les retournant délicatement dans le beurre.
Dans une petite poêle, faites chauffer l'huile d'olive et faites-y sauter les médaillons et les pinces de homard, à feu vif.
Égouttez les rognons ; coupez-les en deux verticalement et ajoutez-les dans la sauteuse, avec 1 cuillère à soupe de jus de citron. Mélangez délicatement.
Répartissez le contenu de la sauteuse dans les assiettes – crêtes, champignons, truffes et rognons – et glissez entre ces ingrédients les médaillons de homard ; parsemez de gnocchi ; posez une pince de homard sur le tout ; nappez du jus contenu dans la sauteuse, réchauffé ; décorez de cerfeuil et... servez aussitôt.
Cette recette a été créée pour Michel Pastor, gourmand parmi les gourmets.

PORCHETTA FARCIE FAÇON RIVIERA

Photo page 65

POUR 10/12 PERSONNES

1 cochon de lait de 6 kg • 1 kg d'échine de porc • 400 g de foie de porc • 400 g de pancetta ou de lard maigre non fumé • 2 kg de vert de blettes • 1 kg d'épinards • 2 poivrons rouges : 400 g • 1 kg de petits pois à écosser • 500 g d'oignons blancs • 2 poireaux moyens : 400 g • 150 g de riz • 350 g de parmesan râpé • 8 œufs • 3 c. à s. de persil plat concassé • 3 c. à s. de cerfeuil ciselé • 3 c. à s. de ciboulette ciselée • 1 c. à c. de marjolaine hachée finement • 70 g de sel de mer fin • 12 g de poivre noir moulu • 2 c. à s. d'huile d'olive.

POUR LA CUISSON

1/2 l d'huile d'olive • 1 tête d'ail • 12 brins de thym • 7 branches de romarin • Sel • Poivre.

Désossez entièrement le cochon de lait, cuisses et épaules comprises ; retirez-en le cœur, le foie et les poumons, mais non les rognons. Posez le porcelet sur le dos, salez et poivrez l'intérieur et préparez la farce.
Hachez l'échine au hachoir (grosse grille) ; coupez la pancetta en dés de 1/2 cm ; le foie de porc, le cœur, le foie et les poumons du porcelet en dés de 1 cm. Lavez le vert de blettes ; faites-le cuire à l'eau bouillante salée ; égouttez-le à fond ; réservez-en 400 g. Équeutez les épinards ; lavez-les ; faites-les cuire à l'eau bouillante salée ; égouttez-les à fond ; réservez-en 200 g ; hachez-les au couteau, avec le

vert de blettes. Écossez les petits pois; faites-les cuire – il en reste 400 g – à l'eau bouillante salée, égouttez-les; plongez-les dans de l'eau glacée; égouttez-les à nouveau. Faites cuire le riz al dente dans de l'eau bouillante salée; égouttez-le. Faites brûler la peau des poivrons sur une flamme; pelez-les; coupez-les en carrés de 5 cm en éliminant graines et filaments blancs. Pelez les oignons; réservez-en 300 g.

JE NE LIE PAS LES JUS : JE LES SERS TELS QU'ILS SE PRÉSENTENT DANS LA CASSEROLE, LE SAUTOIR OU LE PLAT, À CUISSON ACHEVÉE DES RÔTIS, SAUTÉS ET AUTRES ESTOUFFADES... C'EST-À-DIRE TRANCHÉS. LES PAPILLES PERÇOIVENT MIEUX LE GOÛT D'UN JUS TRANCHÉ, PLUS VIF, PLUS NERVEUX, PLUS LONG EN BOUCHE, QUE CELUI D'UN JUS LIÉ, AFFADI, ALOURDI, QUI EMPÂTE LE PALAIS.

Épluchez les poireaux; réservez-en 300 g (blanc et partie vert tendre); émincez-les finement. Faites chauffer l'huile d'olive dans une sauteuse de 22 cm; faites-y à peine blondir, à feu doux, poireaux et oignons émincés. Cassez les œufs dans un saladier; battez-les à la fourchette. Dans une très grande terrine, mettez l'échine, la pancetta, les abats du porcelet et le foie de porc; mélangez ces viandes; ajoutez-y les légumes – vert de blettes et épinards, oignons et poireaux, poivrons et petits pois – les herbes – persil, cerfeuil, ciboulette, marjolaine – sel et poivre; mélangez; ajoutez enfin le parmesan puis les œufs battus et mélangez encore. Farcissez le cochon de lait de cette préparation et cousez l'ouverture avec de la ficelle à rôti et une grosse aiguille à brider: la couture doit empêcher la farce de s'échapper pendant la cuisson. Redonnez au porcelet sa forme initiale; retournez-le sur le ventre et ficelez-le assez serré : une ficelle près de la tête, une près des cuisses, une au milieu... et ainsi de suite, dans le même ordre, tous les deux centimètres. Embrochez-le et badigeonnez-le d'huile d'olive; salez-le; poivrez-le; dans la gouttière située sous la broche, versez l'huile d'olive; ajoutez-y le thym, le romarin, et la tête d'ail coupée en deux. Mettez le porcelet devant les braises, pas trop près de la source de chaleur: il doit cuire 2 h 30, doucement. À mi-cuisson, couvrez les oreilles et la queue de feuilles d'aluminium froissées et pendant la cuisson, arrosez-le souvent d'huile aromatisée. À la fin de la cuisson, le cochon de lait doit être très caramélisé. Servez-le chaud, tiède ou froid, coupé en tranches.

LÉGUMES D'HIVER MIJOTÉS AU LARD PAYSAN

POUR 4 PERSONNES

8 navets fanes • 12 radis • 12 marrons • 2 salsifis • 4 artichauts épineux • 2 côtes de blettes • 100 g de lard

« Polenta » (Recette p 102).
Le goût de la polenta dépend de la mouture des grains de maïs –, qui doit être fine – du liquide dans lequel on la fait cuire – eau, bouillon, lait – et de la cuisson qui doit être longue – 1 heure – pendant laquelle il faut lisser la polenta en la tournant très souvent avec une spatule, et, entre-temps, la couvrir d'une feuille de papier sulfurisé pour éviter qu'elle ne « croûte »... La polenta peut être servie telle quelle, ou enrichie d'huile et de beurre (ou des deux) ou de crème... on peut y ajouter des copeaux d'olives noires, des raisins de Corinthe ; la faire gratiner ; la poêler...

« Automne flamboyant dans l'arrière-pays. »
En montant vers la Vallée des Merveilles, l'automne jonche la route.

« Grives en brochettes aux olives noires et au romarin ». *(Recette* *p. 101).*
La polenta servie en accompagnement des oiseaux rôtis ou des viandes mijotées doit être très souple, coulante dans l'assiette, pour être dégustée avec leur jus, à l'instar d'une purée.

« Carrés de chevreuil d'Alsace sauce poivrade, fruits et légumes d'automne à la forestière. » *(Recette p. 107).* *Véritable festival d'automne que ce plat composé de seuls produits de saison, onctueusement liés d'une sauce poivrade très délicatement relevée.*

paysan • 2 litres de fond blanc (page 17) • 1 dl de jus de volaille (page 19) • 100 g de beurre • 2 c. à s. d'huile d'olive • 20 g de farine • 1,5 dl de jus de citron • Sel • Poivre.

Faites une entaille horizontale sur le côté plat des marrons : plongez-les dans de l'eau (ou mieux, de l'huile) bouillante 2 minutes afin d'en retirer très facilement l'écorce et la peau. Pelez-les lorsqu'ils ont tiédi. Coupez le lard en fins bâtonnets ; faites-les blanchir : faites bouillir de l'eau dans une casserole, jetez-y les bâtonnets de lard, laissez-les bouillir 3 minutes puis égouttez-les et rincez-les à l'eau froide.

Pelez les salsifis ; ôtez les fils des côtes de blettes ; coupez les salsifis en bâtonnets obliques de 3 cm et les côtes de blettes en lamelles obliques de 1 cm de large. Préparez un « blanc » : diluez la farine dans 1 litre d'eau froide ; ajoutez-y 1 dl de jus de citron ; répartissez ce blanc dans deux casseroles et faites-y cuire séparément les salsifis et les lamelles de côtes, afin que ces légumes restent bien blancs ; égouttez-les.

Ne gardez des artichauts que les cœurs ; coupez-les en quatre ; mettez-les dans un bol avec le jus de citron restant et couvrez-les d'eau froide. Pelez les navets en leur laissant 1 cm de fanes. Coupez la racine des radis ; débarrassez-les des plus grosses fanes. Lavez navets et radis ; égouttez les artichauts. Mettez ces légumes dans 3 sauteuses différentes, couvrez-les de fond blanc et faites-les cuire séparément : ils doivent rester très légèrement croquants. Retirez-les du feu au fur et à mesure de leur cuisson. Mettez les marrons dans une casserole ; couvrez-les de jus de volaille et faites-les cuire à feu doux, 30 minutes environ.

Faites fondre une noix de beurre dans une sauteuse de 26 cm ; faites-y blondir les lardons blanchis, puis ajoutez dans la sauteuse les légumes et leur jus de cuisson, sauf le blanc des blettes et des salsifis (que vous égoutterez avant de les ajouter dans la sauteuse). Laissez réduire le jus des légumes et lorsque ceux-ci sont tendres, répartissez-les dans des assiettes creuses.

BIEN SÛR, J'AI MES PRÉFÉRENCES, ET MON GOÛT EST DÉTERMINANT DANS LA COMPOSITION DE MA PALETTE D'ÉPICES, D'AROMATES ET DE PARFUMS. MAIS JE NE JUGE PAS DE LA VALEUR DE CES ÉLÉMENTS DANS L'ABSOLU. CE SONT LES AFFINITÉS ÉLECTIVES QU'ILS ONT ENTRE EUX ET AVEC LES INGRÉDIENTS DE BASE DE MA CUISINE QUI ORIENTENT MES CHOIX.

Ajoutez le beurre restant dans la sauteuse, en fouettant vivement pour créer une émulsion avec le jus des légumes. Versez ce jus goûteux sur les légumes, nappez-les d'huile d'olive et... servez aussitôt.

Au Louis XV, on ajoute au moment de servir les légumes, une très fine tranche de lard paysan grillé, très croustillant, dans les assiettes.

TOURTELETTES AUX GIROLLES ET AU FOIE GRAS

POUR 12 PETITES TOURTES

POUR LA PÂTE

200 g de farine de blé blanche • 100 g de beurre mou • 1 jaune d'œuf • 40 g d'eau • 4 g de sel.

POUR LE FLAN

4 œufs • 2 dl de lait • 2 dl de crème liquide • 50 g de parmesan râpé • 1 c. à s. de cerfeuil et persil plat ciselés • 4 pincées de noix muscade râpée • Sel • Poivre.

POUR LA GARNITURE

300 g de petites girolles • 150 g de foie gras de canard cru • 1/2 échalote hachée menu • 2 c. à s. d'huile d'olive • Sel • Poivre.

Préparez la pâte brisée : mettez tous les ingrédients dans le bol d'un robot ; faites tourner l'appareil jusqu'à ce que la pâte forme une boule ; enveloppez-la de film et laissez-la reposer au frais 1 heure au moins.
Cassez les œufs dans une terrine ; fouettez-les sans les faire mousser ; ajoutez le lait, la crème, les herbes, sel, poivre, noix muscade et parmesan râpé. Mélangez.
Coupez le foie gras en cubes de 1 cm ; faites-le dorer à feu plutôt vif, dans une poêle sèche, 30 à 40 secondes ; égouttez-le dans une passoire.
Coupez le bout terreux du pied des girolles ; lavez-les rapidement ; égouttez-les ; faites chauffer l'huile dans une poêle de 26 cm ; ajoutez l'échalote et, 10 secondes plus tard, les girolles ; faites-les cuire à feu vif, 2 à 3 minutes, jusqu'à ce qu'elles ne rendent plus d'eau. Réservez-les dans un bol.
Allumez le four, th. 5 (175 °). Étalez la pâte brisée le plus finement possible ; garnissez-en 12 moules à tartelettes de 7 cm ; répartissez foie gras et girolles sur la pâte ; coulez le flan dessus. Faites cuire les tartelettes 10 minutes ; démoulez-les... et servez-les chaudes, accompagnées de petites salades amères.

CROUSTILLANTES GALETTES DE POMMES DE TERRE AUX POIREAUX, À LA MOELLE ET AUX TRUFFES

POUR 4 PERSONNES

8 pommes de terre à chair farineuse de 150 g chacune • 200 g de moelle de bœuf (dégorgée à l'eau salée glacée) • 400 g de poireaux (le blanc et la partie vert tendre) • 16 copeaux de tomate confite (page 280) • 20 g de truffe hachée • 100 g de beurre clarifié • 1 dl d'huile d'olive • 2 dl de jus de veau (page 19) • Sel • Poivre.

Allumez le four, th. 5 (175°). Pelez les pommes de terre en leur donnant une forme cylindrique ; coupez les deux extrémités. Émincez-les finement dans un robot, sur une râpe à chips ou à la mandoline. Rincez et épongez les rondelles de pommes de terre. Badigeonnez

« Cuisson d'un risotto. » La réussite d'un risotto dépend du grain de riz – impérativement italien, « Vialone Nano », de préférence, ou « Arborio » – et de sa cuisson. Après avoir été doré dans huile d'olive, beurre et moelle, le riz doit être mouillé de vin blanc, et, une fois celui-ci évaporé, de bouillon – légumes, volaille, viande, poisson ou crustacé – choisi selon la garniture du plat et versé en plusieurs fois, au fur et à mesure de l'absorption du liquide par le riz sans cesse tourné avec une spatule. Pendant la cuisson qui dure environ 20 mn, le risotto ne peut être laissé seul une seconde. Une fois cuit et bien lié – en italien, « mantecato » – avec beurre ou huile d'olive, ou les deux, il doit être assez coulant pour glisser dans l'assiette en formant des vagues... d'où l'expression italienne : « risotto all'onda ».

Page 88 : « Le pêcheur et son pointu. » Coucher de soleil sur la baie des Anges : de son « pointu », un pêcheur cale des nasses et des casiers qu'il relèvera dès l'aube, chargés de poissons de roche.

de beurre clarifié 8 moules à tartelettes anti-adhésifs de 10 cm de diamètre. Disposez les rondelles de pommes de terre en rosace dans les moules, en les faisant se chevaucher; badigeonnez-les de beurre clarifié, salez-les légèrement. Glissez les moules au four pour 15 minutes.

Pendant ce temps, coupez les poireaux en oblique, en bâtonnets de 3 cm; lavez-les. Coupez la moelle en dés de 1 cm; coupez les copeaux de tomate en trois. Faites chauffer l'huile dans une sauteuse de 24 cm; faites-y à peine blondir les poireaux puis laissez-les cuire à couvert et à feu doux, 10 minutes environ, ajoutez-y les dés de moelle, puis les copeaux de tomate, la truffe, sel, poivre; faites cuire 2 minutes.

Disposez dans chaque assiette une galette de pommes de terre; répartissez la garniture de poireaux dessus; recouvrez d'une seconde galette. Faites chauffer le jus de veau; répartissez-le autour des galettes... et servez aussitôt.

POULETTE DES LANDES CUITE À LA BROCHE, ACCOMPAGNÉE D'UNE RÔTIE D'ABATS ET DE LÉGUMES DE PROVENCE À LA MOELLE

POUR 2 PERSONNES

1 poulette jaune fermière des Landes de 1,3 kg prête à rôtir • 1 croûton de pain rassis frotté d'ail • 50 g de beurre • 10 g de queues de persil • Sel • Poivre.

POUR LA RÔTIE D'ABATS

1 tranche de pain de campagne de 1,5 cm • 2 foies de volaille • 2 cœurs de volaille • 50 g de foie gras cru • 10 g de truffe • 1 œuf • 3 c. à s. de lait • Sel • Poivre.

POUR LA GARNITURE

40 g de moelle de bœuf (dégorgée à l'eau glacée salée) • 6 carottes fanes • 6 navets fanes • 2 artichauts violets • 6 oignons grelots • 1 petit bulbe de fenouil • 80 g de haricots verts • 100 g de févettes écossées • 1 dl de jus de volaille (page 19) • 2 dl de fond blanc (page 17) • 100 g de beurre • 1 dl d'huile d'olive • 2 c. à s. de jus de citron • Sel • Poivre.

Farcissez la volaille avec le croûton aillé, les queues de persil et le beurre; salez-la; poivrez-la; bridez-la et faites-la rôtir à la broche, 45 minutes, en l'arrosant régulièrement.

Pendant ce temps, préparez les légumes: équeutez les haricots verts; pelez les carottes et les navets; laissez-leur 1 cm de fanes; pelez les oignons grelots; coupez, dans les feuilles tendres du fenouil, des copeaux; ne gardez des artichauts que les cœurs; coupez-les en quatre et réservez-les dans un bol, couverts d'eau additionnée de jus de citron. Lavez tous les légumes. Faites cuire, séparément, dans de l'eau bouillante salée, les haricots verts et les févettes; égouttez-les; plongez-les dans de l'eau glacée; égouttez-les à nouveau.

Faites chauffer 2 cuillères à soupe d'huile d'olive dans une sauteuse de 24 cm; ajoutez 50 g de beurre et, lorsqu'il a fondu, mettez les légumes dans la sauteuse, sauf les févettes et les haricots verts. Laissez-les à peine blondir, 3 minutes environ, en les tournant avec une spatule ; mouillez-les avec le fond blanc ; couvrez ; laissez cuire doucement 20 minutes environ. Salez. Poivrez.

Faites pocher la moelle 5 minutes dans de l'eau bouillante salée frémissante ; égouttez-la ; lorsque les légumes sont cuits, coupez-la en gros dés et ajoutez-la dans la sauteuse avec les haricots verts et les févettes. Réservez au chaud. Allumez le four th. 6 (200 °).

Préparez la rôtie d'abats : cassez l'œuf dans une assiette creuse ; ajoutez le lait ; fouettez vivement. Hachez très finement les foies et les cœurs de volaille et la truffe ; mélangez. Trempez le pain dans le mélange œuf-lait, des deux côtés ; lorsqu'il en est bien imbibé, tartinez-le sur une face seulement de hachis d'abats à la truffe.

Faites fondre 100 g de beurre dans une poêle de 24 cm ; faites-y dorer la rôtie, côté non tartiné d'abord, puis retournez-la et faites-la dorer de l'autre côté ; réservez-la sur une grille posée dans une assiette, au four chaud, avec la poulette.

Ajoutez 50 g de beurre et 2 cuillères à soupe d'huile d'olive aux légumes ; réchauffez-les et dressez-les dans un légumier.

Faites chauffer le jus de volaille ; ajoutez-y le jus de cuisson de la poulette ; versez-le dans une saucière tenue au chaud.

Portez à table la poulette et sa rôtie accompagnée de légumes à la moelle : vous la découperez à table.

La rôtie d'abats peut être servie indépendamment de la poulette, en entrée, accompagnée de légumes de saison ou d'un mesclun à l'huile d'olive et au vinaigre de Xérès.

VELOUTÉ DE VOLAILLE AU FOIE GRAS, TRUFFES ET CHAMPIGNONS DES BOIS

POUR 6 PERSONNES

POUR LE VELOUTÉ

1,5 l de bouillon de volaille • 100 g de foie gras de canard cru • 100 g de beurre mou • Sel • Poivre.

POUR LA GARNITURE

1 truffe de 30 g lavée et brossée • 30 petites girolles • 30 petites trompettes de la mort • 18 brins de cerfeuil • 1 c. à s. d'huile d'olive • 60 g de beurre • 2 pincées de sucre semoule • Sel • Poivre.

Coupez le bout terreux du pied des girolles ; lavez-les ; épongez-les ; faites chauffer l'huile d'olive dans une sauteuse de 24 cm ; ajoutez 20 g de beurre ; faites-y cuire les girolles à feu vif, 3 à 4 minutes, le temps qu'elles ne rendent plus d'eau ; salez-les. Réservez-les dans un bol. Coupez la partie dure du pied des trompettes ; lavez-les soigneusement, essuyez la sauteuse ; versez-y 3 cuillères à soupe d'eau ; portez à ébullition ; salez ; sucrez, ajoutez 20 g de

Ci-contre : « Risotto à l'encre aux supions de Méditerranée » (recette page 113).
Le risotto à l'encre « Risotto all'inchiostro » est né à Venise où l'on trouve toutes sortes de plats au goût intense d'encre de seiche. Petites et tendres, les « Seppioline » foisonnent dans la lagune. À Paris, on les appelle « supions » par opposition à « chipirons » qui désigne les calmars ; en Vendée, « casserons » ; au pays Basque « chipirons ». Sur la Riviera, on appelle indistinctement supions les petits calmars et les petites seiches... ces dernières, dans certains ports, sont parfois surnommées « pistes »...

Page 92-93 : « Les Alpes vues de Gréolières. »
La Méditerranée, ses paysages, son climat, sa végétation, ses parfums, ses bruissantes cigales, s'arrête là, à 20 kilomètres de la côte.

beurre, jetez-y les trompettes ; à la reprise de l'ébullition, égouttez-les dans une passoire.
Faites fondre le beurre restant dans la sauteuse ; faites-y cuire les trompettes 3 à 4 minutes, jusqu'à ce qu'elles ne rendent plus d'eau. Ajoutez les aux girolles. (Notez que la précuisson à l'eau des trompettes leur évite de communiquer une couleur noire aux mets auxquelles elles seront mélangées...).
Portez à ébullition le bouillon de volaille, dans une cocotte de 4 litres. Mixez finement le foie gras et le beurre ; ajoutez ce mélange dans le bouillon frémissant en fouettant vivement. Mixez ensuite le bouillon enrichi de foie gras et de beurre pour obtenir un fin velouté ; salez-le ; poivrez-le ; versez-le dans une soupière.
Répartissez les champignons dans des assiettes creuses ; râpez la truffe sur les champignons ; parsemez de cerfeuil. À table, versez le velouté dans les assiettes... et dégustez bien chaud.

BOUILLON DE LENTILLES VERTES AUX GÂTEAUX DE FOIE DE VOLAILLE

POUR 6 PERSONNES

POUR LE BOUILLON

300 g de lentilles vertes • 2 carottes • 1 oignon • 2 échalotes • 150 g de lard de poitrine maigre • 1 clou de girofle • 100 g de crème fouettée • 100 g de beurre • Sel • Poivre.

POUR LES GÂTEAUX DE FOIE

200 g de foies de volaille, blonds de préférence • 40 g de moelle de bœuf • 4 jaunes d'œufs • 6 dl de lait bouilli et refroidi • 1/2 gousse d'ail • 1 noix de beurre pour les moules • Sel • Poivre.

Pelez les carottes ; pelez l'oignon et piquez-le du clou de girofle.

J'AIME QUE LES CHOSES AIENT DU GOÛT, BEAUCOUP DE GOÛT. LA PUISSANCE DU GOÛT N'EST PAS LE RÉSULTAT DE L'EXACERBATION DES SAVEURS ET DES PARFUMS PAR UN USAGE DÉVOYÉ DES ÉPICES ET DES CONDIMENTS.

Dans le morceau de lard de poitrine, coupez trois tranches de 1/2 cm, retirez-en la couenne et coupez-les en bâtonnets. Réservez-les.
Mettez les lentilles, l'oignon clouté, les carottes et le morceau de lard restant dans une cocotte de 6 litres ; ajoutez 1 litre 1/2 d'eau froide. Posez la cocotte sur un feu doux ; laissez cuire les lentilles 50 minutes à 1 heure, jusqu'à ce qu'elles soient très tendres.
Pendant ce temps, préparez les gâteaux de foie. Allumez le four th. 3 (125 °). Beurrez six petits moules antiadhésifs de 5 cm de diamètre. Mettez tous les ingrédients dans le bol d'un mixeur (veillez à ce que les foies ne présentent pas de trace de fiel). Mixez jusqu'à obtention d'une préparation homogène puis coulez-la

dans les petits moules en la filtrant dans un chinois fin. Couvrez les moules de film adhésif et mettez-les dans un bain-marie. Laissez cuire les gâteaux de foie 30 à 35 minutes, jusqu'à ce qu'ils soient pris. Laissez-les refroidir.
Lorsque les lentilles sont cuites, réservez-en 6 cuillerées à soupe, avec leur bouillon de cuisson. Ôtez de la cocotte carottes, oignon clouté et lard. Mixez le contenu de la cocotte dans le bol d'un robot, puis versez-le de nouveau dans la cocotte, en le filtrant; ajoutez la moitié du beurre et de la crème. Salez et poivrez si nécessaire. Réchauffez le bouillon en le fouettant.
Faites dorer les lardons réservés dans une poêle : ils doivent être très croustillants.

COMME LE SALÉ, LE SUCRÉ ET L'ACIDE, L'AMER EST UNE QUALITÉ HÉDONIQUE DU GOÛT, QUI A SA PLACE DANS LA DÉGUSTATION D'UN MENU. L'AMERTUME APPORTÉE PAR UN ZESTE, UNE ÉPICE, UNE HERBE, UNE SALADE, UN LÉGUME, UN GRAIN DE CAFÉ, UN CHOCOLAT NOIR, PARTICIPE À L'ÉQUILIBRE DES SAVEURS, D'OÙ NAÎT LE PLAISIR GASTRONOMIQUE.

Démoulez les gâteaux de foie ; coupez chacun d'eux en six et disposez-les au fond des assiettes creuses. Faites chauffer les lentilles réservées; ajoutez-y le beurre restant et les échalotes ciselées ; répartissez-les dans les assiettes et parsemez-les de lardons croustillants. Déposez au centre des assiettes une petite cuillerée de crème fouettée.
Versez le bouillon dans une soupière. Versez-le, à table, dans les assiettes... et dégustez bien chaud.

CONFITURE DE FIGUES BELLONES MI-SÉCHÉES

Photo page 75

POUR 4 PERSONNES

1 kg de figues « Bellones » mi-séchées • 350 g de sucre • 1,75 dl d'eau.

En fin de saison, laissez les figues « Bellones » mûrir le plus longtemps possible, se gorger de soleil et sécher à demi, avant de les cueillir pour en faire cette toute simple et sublime confiture : lavez les figues ; mettez le sucre dans une bassine à confitures ; ajoutez l'eau ; laissez cuire le sucre à feu doux jusqu'à ce que la surface du sirop se couvre de petites perles (130 °)... Plongez-y les figues; laissez-les cuire 20 minutes, en écumant pendant les 10 premières minutes. Laissez refroidir la confiture puis versez-la dans un confiturier, ou un grand pot de verre et mettez-la au réfrigérateur où vous pourrez la conserver 15 jours.
Servez la confiture très froide, dans des assiettes creuses réfrigérées, accompagnée de crème épaisse à température ambiante... et de tranches de pain de campagne grillées chaudes.

Page 94 : « Vigne du bord de mer. »
Ici, la vigne descend jusqu'à la mer. À voir la terre dans laquelle elle pousse, on se demande si elle y trouve toute sa substance. La réponse vient de Colette : « C'est la mer qui fournit à la vigne ce sol friable et salé dont le cep se sustente mystérieusement. »... Pour Jean-Pierre Rous, enfant de Nice, maître-sommelier du Louis XV, « ici, le terroir est grandiose. Si les traditions perdurent, affirme-t-il, nous avons une technologie de pointe qui a changé l'image des vins de Provence... Ces "petits vins" autrefois sympathiques mais asséchants et tanniques sont aujourd'hui des vins dont la puissance, l'ampleur, la générosité, le bouquet, sont exceptionnels, et dont la flaveur s'harmonise parfaitement avec les saveurs méditerranéennes. »

Ci-contre : « Dames-jeannes clissées à l'italienne ».
Dans les remises d'une ferme du Val de Nervia surplombant San Remo, des dames-jeannes clissées à l'ancienne attendent le soutirage du vin maison : un somptueux « Aleatico », rouge, très sucré, velouté, intensément muscadé.

« Fontaine à Roquestéron. » Toute la fraîcheur des sources alpines jaillit du bronze de cette superbe tête de brochet, symbole d'eau vive, datant de 1909.

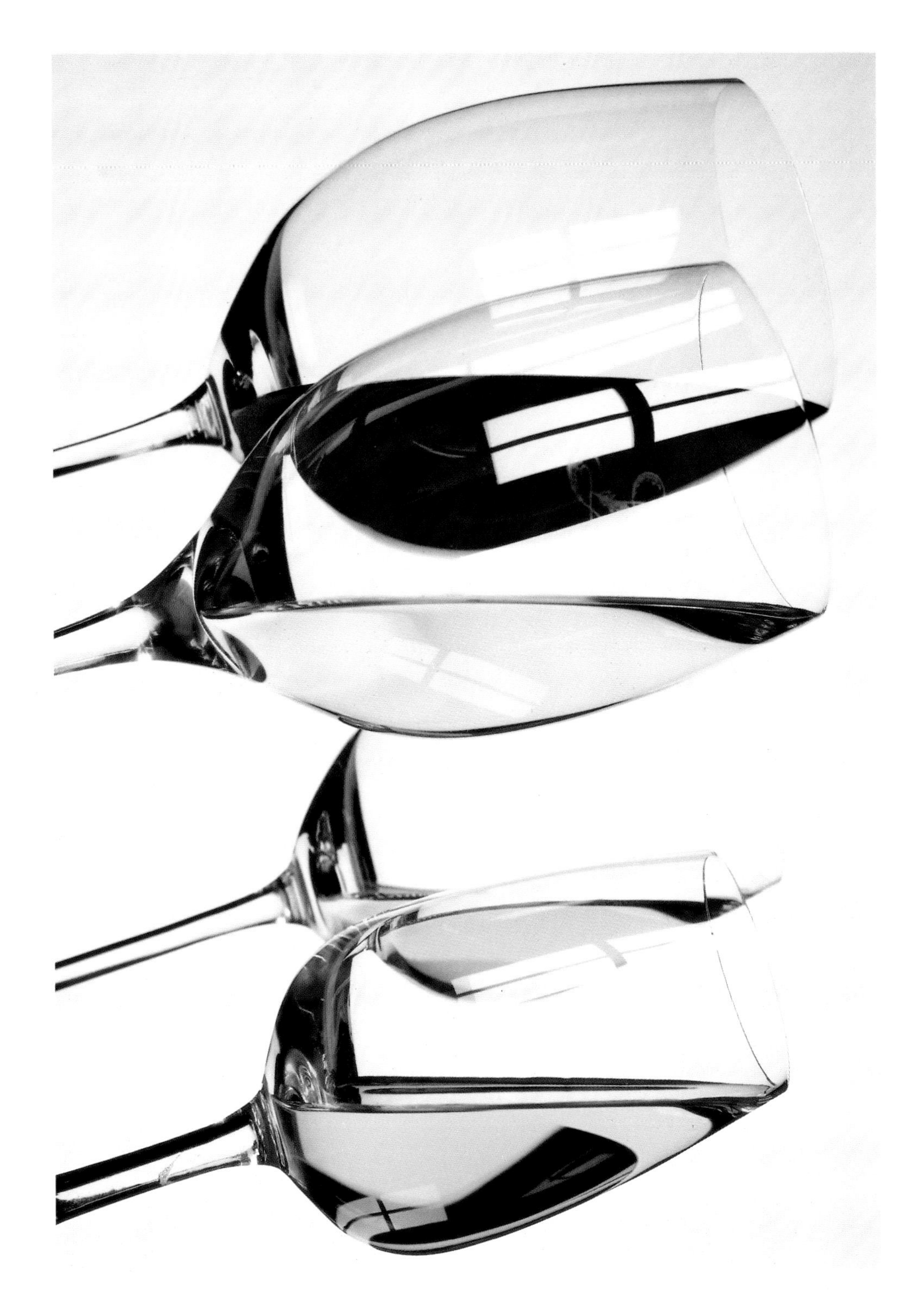

« Vins de soleil. » Quatre vins, parmi les merveilleux vins de soleil sélectionnés par Jean-Pierre Rous, pour le Louis XV. De haut en bas : « Domaine de Trévallon, de E. Dürrbach – Coteaux d'Aix-en-Provence 1982 », aux arômes de truffe et de fruits rouges cuits ; « Châteauneuf-du-Pape, château de Beaucastel "Roussane vieilles vignes", Perrin 1990 », un vin limpide à la robe jaune paille évoquant les agrumes et les fleurs blanches ; « Château Barbeyrolles "Cuvée Pétale de rose", R. Sumeire 1990 », diaphane, tendre, fruité et soyeux ; « Muscat Corse de Saint-Florent, Dominique Gentile 1988 » très ample et très frais en bouche.

« Nature morte à la coulemelle. »
En automne – ici à Castel Vittorio – sous les conifères et dans les prés apparaît tardivement la coulemelle « Macrolepiota Procera » dite « lépiote élevée », « parasol », « couleuvrée », « nez-de chat » : c'est un champignon géant, dont le chapeau blanc tigré de brun qui peut atteindre jusqu'à 35 centimètres, coiffe un pied séparable, solide mais creux. Les lamelles sont blanches, comme la chair, épaisse au centre, de plus en plus mince vers la marge, tendre et parfumée, dont la saveur et l'odeur rappellent celles de la noisette. Le chapeau de la coulemelle est délicieux poêlé ou grillé entier, nappé d'huile d'olive, mais aussi émincé, trempé dans une pâte légère, plongé dans la grande friture et dégusté en beignets tout chauds.

OISEAU AU LONG BEC CUISINÉ EN COCOTTE, SERVI SUR UNE RÔTIE AU FOIE GRAS

POUR 1 PERSONNE

1 bécasse • 1 tranche de pain de campagne grillée • 80 g de foie gras de canard cru • 1 c. à s. de cognac • 1 gousse d'ail en chemise • 1 dl de fond blanc (page 17) • 1 c. à s. d'huile d'olive • 75 g de beurre • Sel • Poivre.

POUR SERVIR

1 cocotte de cèpes en feuilles de châtaignier (page 38).

Plumez et flambez la bécasse. Ne la videz pas. Retirez les yeux. Passez le bec entre le pilon et le gras de la cuisse.

Faites chauffer la moitié de l'huile dans une cocotte ovale pouvant juste contenir l'oiseau. Ajoutez le beurre et lorsqu'il a fondu, la gousse d'ail et la bécasse. Faites rôtir la bécasse sur un feu moyen, sur toutes ses faces, en l'arrosant sans cesse, 20 minutes environ... Retirez-la de la cocotte ; récupérez les intérieurs mais jetez le gésier. Hachez le tout au couteau ; ajoutez le foie gras, le cognac, salez, poivrez. Jetez la gousse d'ail.

Levez les cuisses et les filets de la bécasse ; concassez les os de la carcasse ; faites-les dorer dans le beurre de cuisson puis versez le fond blanc pour déglacer. Filtrez au chinois le contenu de la cocotte ; ajoutez-y 1 cuillère à café du hachis réalisé avec les intérieurs de la bécasse et le foie gras. Laissez « infuser » 2 minutes, puis ajoutez l'huile d'olive restante. Fouettez vivement cette sauce.

Tartinez le hachis restant sur la tranche de pain ; dressez-la dans une assiette et posez la bécasse dessus ; nappez d'une cuillerée de sauce, versez le reste dans une saucière... et servez aussitôt avec, à part, la petite cocotte de cèpes brûlante.

GRIVES EN BROCHETTES AUX OLIVES NOIRES ET AU ROMARIN

Photo page 83

POUR 4 PERSONNES

16 grives plumées et vidées • 16 très fines tranches de lard maigre • 1 tranche de lard maigre de 1/2 cm • 28 olives noire du pays • 4 gousses d'ail • 2 petits brins de romarin frais • 4 c. à s. de jus de volaille (p. 19) • 2 c. à s. de vin blanc • 1 c. à s. d'huile d'olive • 25 g de beurre • Sel • Poivre.

POUR LA GARNITURE

Polenta (p. 102) • 2 c. à s. de crème liquide • 2 c. à s. d'huile d'olive • 60 g de parmesan râpé.

Préparez d'abord la polenta. Salez et poivrez les grives ; enveloppez chacune d'elles d'une fine tranche de lard et glissez-les quatre par quatre, sur des brochettes en bois. Sans les peler, écrasez les gousses d'ail. Faites bouillir de l'eau dans une casserole ; plongez-y les

olives; faites-les blanchir 3 minutes puis rincez-les à l'eau froide et égouttez-les. Hachez finement les douze plus tendres feuilles de romarin. Coupez la tranche de lard en fins bâtonnets.
Faites chauffer l'huile dans une cocotte en fonte ovale pouvant juste contenir les brochettes; ajoutez le beurre, et lorsqu'il a fondu mettez lardons, gousses d'ail et brins de romarin dans la cocotte. Laissez à peine blondir le tout, 3 minutes environ, en tournant sans cesse avec une spatule, puis mettez les olives et les grives dans la cocotte. Laissez cuire les oiseaux 7 à 8 minutes, à feu modéré, en les tournant à mi-cuisson. Lorsqu'ils sont dorés, retirez-les de la cocotte et mettez-les dans un plat tenu au chaud; couvrez-les d'une feuille d'aluminium. Jetez les brins de romarin; dégraissez un peu le jus puis versez le vin dans la cocotte; laissez le vin s'évaporer avant de verser le jus de volaille dans la cocotte et d'y ajouter le romarin haché. Mélangez. Remettez les oiseaux et le jus qu'ils ont rendu dans la cocotte. Couvrez la cocotte et retirez-la du feu.
Ajoutez à la recette de base de la polenta la crème liquide, l'huile d'olive et le parmesan en tournant vivement avec une spatule. Répartissez la polenta dans des assiettes creuses; posez les brochettes de grives sur la polenta; nappez le tout de jus de cuisson des oiseaux et de leur garniture et... servez aussitôt.
Vous pouvez ajouter dans la cocotte, en fin de cuisson, quatre têtes de cèpes sautées à part, dans un peu d'huile d'olive et de beurre.

POLENTA

Photo page 81

POUR 4 PERSONNES

200 g de farine de maïs • 1 l de fond blanc (p. 17) • 4 c. à s. d'huile d'olive.

Huilez le fond et les parois d'une cocotte en fonte de 4 litres; versez-y le fond blanc et portez-le à ébullition. Dès qu'il frémit, retirez la cocotte du feu et versez-y la farine en pluie, en tournant très vivement avec une spatule. Notez que le fond blanc ne doit pas bouillir lorsqu'on y verse la farine: cela évite qu'elle fasse des grumeaux; tournez 5 minutes environ pour lisser le mélange, en incorporant l'huile d'olive restante (dont la quantité peut être augmentée). Couvrez la polenta d'une feuille de papier sulfurisé huilée, posez la cocotte sur un feu extrêmement doux et laissez cuire la polenta une heure, en la tournant le plus souvent possible. En fin de cuisson, la polenta est souple, assez fluide pour être versée dans les assiettes. Pour la rendre encore plus moelleuse, vous pouvez y incorporer du beurre et un soupçon de crème, et pour la relever, du parmesan râpé... Cette polenta accompagne les viandes rôties, et les petits oiseaux (cf. p.101 les «grives aux olives et au romarin»). Vous pouvez verser la polenta cuite dans un plat huilé, sur 3 cm d'épaisseur, lisser le dessus, la laisser refroidir, la couper en triangles ou en carrés, la poudrer de parmesan et la faire gratiner avant de la servir avec des plats mijotés (daubes, estouffades ou canard aux olives, par exemple...).

« Bugnes à la fleur d'oranger ». (Recette page 125).
Originaires d'Arles, les bugnes ont remonté le cours du Rhône : elles ont gagné le Dauphiné, le Lyonnais, la Bresse et la Franche-Comté, si bien que chacune de ces provinces revendique la paternité de cette très ancienne recette de beignets, appelés ici merveilles, là oreillettes ou ganses. La composition de la pâte varie d'un simple mélange de farine et d'œufs à une pâte briochée. La recette préférée d'Alain Ducasse est une pâte levée riche en beurre, légèrement sucrée, qui gonfle beaucoup à la cuisson, ce qui rend les bugnes difficiles — mais très amusantes — à croquer.

Page 104-105 : « Soleil couchant sur l'arrière-pays. » Crépuscule au col d'Èze avec vue sur Cantaron ; tout au fond, à gauche, le mont Chauve.

Ci-dessus : « Madeleines » (Recette page. 126) La madeleine d'Alain Ducasse est un irrésistible petit gâteau dont la pâte très finement alvéolée, qui fond dans la bouche, est tout aussi exquise avec le café, le chocolat et le thé. Sa recette est toute simple, mais elle comporte deux tours de main et un secret : aucun autre parfum que celui des ingrédients de base – beurre, œufs, farine, sucre – n'est ajouté à la préparation.

CARRÉS DE CHEVREUIL D'ALSACE SAUCE POIVRADE, FRUITS ET LÉGUMES D'AUTOMNE À LA FORESTIÈRE

Photo page 84

POUR 4 PERSONNES

4 doubles côtes premières de chevreuil, parées, plus les os et les parures concassés • 100 g de carottes pelées • 100 g d'échalotes grises pelées • 50 g de pieds de champignons de Paris nettoyés • 2 dl de vinaigre de vin • 1 l de vin rouge • 1 l 1/4 de fond blanc (p. 17) • 800 g de champignons des bois (cèpes, girolles, trompettes) • 4 petites pommes acides • 100 g de châtaignes • 100 g de grains de raisins égrappés • 100 g d'oignons grelots • 400 g de céleri-boule • Facultatif : 5 cl de sang de volaille frais • 2 brins de thym frais • 1 feuille de laurier • 1 c. à s. de ciboulette ciselée • 12 brins de cerfeuil • 30 g de sucre semoule • 10 g de poivre concassé « mignonnette » • 1 c. à s. de vinaigre de Xérès • 1 dl d'huile d'olive • 250 g de beurre • Sel de mer fin • Poivre du moulin.

Préparez la sauce poivrade : hachez les échalotes (moins une demie), les carottes et les pieds des champignons de Paris. Faites chauffer 2 cuillères à soupe d'huile d'olive dans une cocotte en fonte de 4 litres ; jetez-y les os et les parures concassés ; faites-les dorer puis ajoutez les légumes hachés, 1 cuillère à café de poivre mignonnette et une noix de beurre. Laissez cuire 5 minutes puis versez le vinaigre de vin et laissez-le s'évaporer complètement. Ajoutez le vin rouge, un brin de thym et la feuille de laurier. Laissez cuire 30 minutes, le temps que le vin réduise des 2/3, en écumant ; versez alors 1 litre de fond blanc ; laissez cuire 1 heure 30 à 2 heures, en écumant : il doit rester 1/3 de sauce.

Nettoyez les cèpes ; coupez-les en lamelles de 1 cm ; faites-les cuire 1 minute à l'huile d'olive très chaude, dans une poêle ; égouttez-les ; réservez-les au chaud.

Rincez les girolles et les trompettes. Faites bouillir 1 litre d'eau dans une casserole, avec une pincée de sucre et de gros sel et une noix de beurre ; jetez-y les trompettes ; laissez-les cuire 1 minute puis égouttez-les et réservez-les.

Pelez les oignons grelots ; faites-les cuire dans une sauteuse avec une noix de beurre, deux pincées de sucre et 5 cl de fond blanc.

JE SUIS TRÈS GOURMAND. HORMIS LA PASSION DU MÉTIER ET UN CERTAIN GOÛT DE LA PERFECTION – MÊME SI JE LA SAIS DIFFICILE À ATTEINDRE – C'EST SANS DOUTE LA GOURMANDISE QUI ME POUSSE À UNE QUÊTE INCESSANTE DE NOUVELLES SAVEURS.

Coupez le céleri en tranches de 1 cm ; découpez-y 8 triangles isocèles de 3 cm ; faites-le cuire dans du fond blanc.

Allumez le four, th. 6 (175 °).

Fendez les châtaignes horizontalement sur la partie plate ; plongez-les dans de l'eau bouillante

3 minutes, décortiquez-les; faites-les cuire dans une sauteuse avec une noix de beurre et un peu de fond blanc.
Pelez les pommes; vides-les; enrobez-les de sucre, faites-les dorer au beurre dans une sauteuse puis mettez-les dans un plat et laissez-les cuire 5 minutes au four.
Pelez les grains de raisin; retirez-en les pépins; passez-les dans du beurre chaud 1 minute; égouttez-les.
Dans une grande sauteuse de 30 cm, faites chauffer 3 cuillères à soupe d'huile d'olive et 1 noix de beurre. Poudrez les côtes de chevreuil de poivre mignonnette en pressant bien pour faire adhérer le poivre à la viande; faites dorer les côtes 4 minutes de chaque côté puis mettez-les sur une grille et couvrez-les d'une feuille d'aluminium. Jetez le gras de cuisson; versez le vinaigre de Xérès dans la sauteuse; laissez-le s'évaporer puis versez la sauce poivrade en la filtrant; ajoutez-y le sang de volaille; éteignez le feu: à partir de ce moment, la sauce ne doit plus bouillir.
Poêlez les girolles dans une noix de beurre; ajoutez-y les cèpes et les trompettes. Laissez bien rissoler; en fin de cuisson ajoutez la demi-échalote réservée ciselée, et la ciboulette.
Rassemblez dans une grande sauteuse: oignons, châtaignes, pommes, raisins, céleri; faites réchauffer le tout avec un peu de fond blanc et de beurre. Réchauffez les côtes de chevreuil 2 minutes au four, puis répartissez-les dans les assiettes et entourez-les de fruits, de légumes et de champignons. Parsemez-les de thym frais effeuillé et de brins de cerfeuil; nappez-les d'un peu de sauce poivrade (versez le reste en saucière) et... portez à table aussitôt.

RISOTTO VERT

POUR 4 PERSONNES

250 g de riz d'Italie: « Arborio » ou « Vialone Nano » • 200 g de persil plat • 100 g de moelle de bœuf (dégorgée à l'eau salée glacée) • 80 g d'oignon haché menu • 1,5 dl de vin blanc sec • 1 litre de fond blanc (p. 17) • 90 g de parmesan râpé • 50 g de crème fouettée • 2 c. à s. d'huile d'olive • 100 g de beurre • Sel • Poivre.

Effeuillez le persil; faites cuire les feuilles 5 minutes dans de l'eau bouillante salée; plongez-les dans de l'eau froide, égouttez-les; mixez-les jusqu'à obtention d'une fine purée. Réservez-en 2 cuillères à soupe.
Coupez la moelle en très petits cubes; mettez-la dans une cocotte en fonte de 4 litres avec l'oignon et 40 g de beurre. Faites à peine blondir l'oignon; ajoutez le riz; faites-le rôtir 5 minutes, en le tournant sans cesse – il doit craquer dans la cocotte et être doré – avant de le mouiller de vin blanc. Laissez le vin s'évaporer complètement avant d'ajouter le bouillon, en cinq ou six fois, en tournant sans cesse avec la spatule et en attendant que le bouillon versé précédemment soit entièrement absorbé par le riz avant d'en verser à nouveau. Lorsque le riz

« Gaufres chaudes à la crème glacée aux marrons, chantilly vanillée, sauce chocolat ». (Recette page 126). Lorsqu'on est un cuisinier capable de créer des recettes qui étonnent et surprennent, on aime aussi – et on peut avoir envie de les faire partager, – celles qu'on n'a pas inventées... une gaufre, une glace aux marrons, une sauce au chocolat : le choc, toujours excitant, du chaud, du glacé, du brûlant, réinterprété par Alain Ducasse.

« Guimauve au parfum de fleurs ou de fruits. » *(Recette page 128).* *De la friandise de foire à celle qu'on présente sur un plateau de vermeil au Louis XV, la guimauve reste le même souffle sucré, embaumant la fleur ou le fruit, qui fait toujours rêver. Personne n'y résiste... Découverte d'une recette d'enfance.*

« Le Casino vu de la mer. »
Devant la façade du casino qui donne sur la mer, s'étend une vaste terrasse ornée de vasques fleuries, de bancs de pierre, de statues anciennes et de sculptures contemporaines, agrandie par les toitures du complexe des «Spélugues» transformées en promenades.

« Les 29 pains du Louis XV ». Dès l'aube, deux boulangers commencent à façonner vingt-deux sortes de petits pains pesant entre 30 et 50 grammes, dont ils ont préparé la pâte la veille et qui a levé pendant la nuit ; ils les font cuire vers onze heures, afin qu'ils arrivent tout chauds, dès midi, à la table du Louis XV : la boule de seigle, la boule de seigle aux raisins, le panaché aux cinq céréales, la feuillantine au blé dur, le fendu aux cinq céréales, le loew au blé dur, le bouchon au sésame, la fougasse au lard, la baguette aux olives, la baguette blanche, la boule aux noix, l'auvergnat, le tricorne, la tabatière ronde, la tabatière ovale, le nœud papillon, le fendu biologique, le charleston, le marseillais, la couronne, la michette à l'huile, le petit déjeuner. Sept autres pains, pesant de 250 à 400 grammes sont destinés à être tranchés : le pain de seigle, le pain de campagne rustique, la baguette, la baguette à l'ancienne, la boule de seigle, la boule aux noix, la boule aux raisins.

est cuit – après 18 minutes environ – ajoutez-y le beurre restant, en trois ou quatre fois, et en tournant vivement, puis l'huile d'olive et le parmesan et enfin la crème fouettée et la purée de persil. Mélangez vivement.

Ce risotto vert peut être dégusté tel quel ou garni de rubans de peau de courgette cuits croquants dans un mélange d'huile d'olive et de beurre ; de feuilles de roquette à peine « fanées » dans de l'huile d'olive ; de cuisses de grenouille désossées cuites dans du beurre noisette et poudrées de persil.

RISOTTO À L'ENCRE AUX SUPIONS DE MÉDITERRANÉE

Photo page 91

POUR 4 PERSONNES

POUR LE RISOTTO

200 g de riz d'Italie : « Arborio » ou « Vialone nano » • 1 seiche de 400 g • 60 g d'oignon haché menu • 8 dl de fond blanc (page 17) • 1 dl de vin blanc sec • 80 g de crème fouettée • 50 g de beurre • 4 c. à s. d'huile d'olive • Sel • Poivre.

POUR LA GARNITURE

250 g de supions nettoyés • 3 c. à s. de persil plat ciselé • 3 c. à s. de vin blanc sec • 3 c. à s. d'huile d'olive • 75 g de beurre • Sel • Poivre.

Préparez d'abord la garniture : faites chauffer l'huile d'olive dans une sauteuse de 26 cm, ajoutez les supions ; faites-les cuire à feu vif, en les tournant sans cesse avec une spatule jusqu'à ce qu'ils ne rendent plus d'eau – 6 à 7 minutes environ – et que leur jus caramélise légèrement ; salez ; poivrez ; mouillez-les de vin blanc et, lorsqu'il s'est évaporé, ajoutez beurre et persil dans la sauteuse. Retirez du feu ; mélangez ; réservez au chaud.

Nettoyez la seiche (passez la poche d'encre à travers une passoire fine au-dessus d'un bol) ; coupez-la en tout petits dés ; mettez-la dans une cocotte en fonte de 4 litres avec la moitié de l'huile d'olive, la moitié du beurre et l'oignon ; faites à peine blondir le tout puis ajoutez le riz dans la cocotte ; faites-le blondir 5 minutes à feu doux, en le tournant sans cesse, puis arrosez-le de vin blanc ; laissez le vin s'évaporer avant d'ajouter le fond blanc en cinq ou six fois, sans cesser de tourner, et en attendant que le riz ait absorbé tout le bouillon versé précédemment pour en verser à nouveau. Lorsque le riz est cuit – il faut environ 18 minutes – incorporez-y, sans cesser de tourner, le beurre restant, l'huile restante, l'encre de la seiche, la crème fouettée, un peu de sel (si nécessaire) et du poivre.

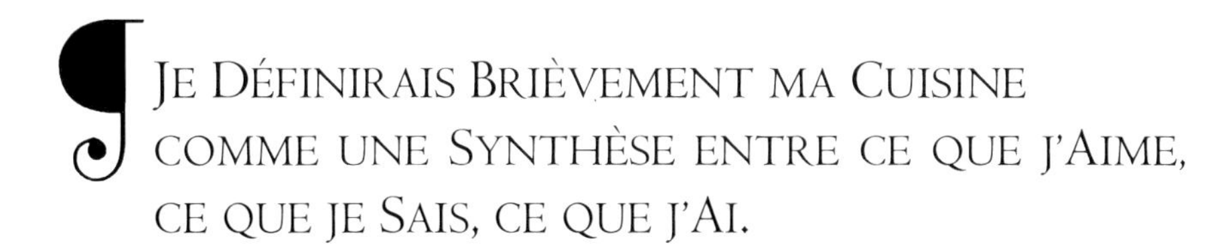

Faites réchauffer les supions sans faire bouillir leur jus. Répartissez le risotto noir dans des assiettes creuses, garnissez-le de supions, nappez-le de leur jus... et servez aussitôt.

TRENETTES NOIRES ET BLANCHES AUX PALOURDES ET SUPIONS

POUR 6 PERSONNES

POUR LA PÂTE NOIRE

200 g de farine • 2 œufs • 1 c. à c. d'huile d'olive • 2 c. à s. d'encre de seiche • 1 pincée de sel.

POUR LA PÂTE BLANCHE

200 g de farine • 2 œufs • 1 c. à c. d'huile d'olive • 1 pincée de sel.

POUR LA GARNITURE

1 kg de palourdes • 500 g de supions nettoyés • 3 c. à s. de vin blanc • 1 dl d'huile d'olive • 100 g de beurre • Les feuilles de 2 brins de persil plat • 2 c. à s. de gros sel de mer • Sel de mer fin • Poivre.

J'AI BANNI DE MA CUISINE LA DEMI-GLACE ET L'ESPAGNOLE, TROP LOURDES ET TROP CORSÉES. J'UTILISE DES FONDS TRÈS LÉGERS, TRÈS PEU AROMATISÉS POUR MOUILLER LES CUISSONS... ET DES JUS DE VIANDE QUE J'EXTRAIS DES CARCASSES ET DES PARURES CHARNUES BIEN RISSOLÉES, AVEC UNE GOUSSE D'AIL POUR SEUL AROMATE.

Préparez la pâte blanche: mettez les ingrédients dans le bol d'un robot. Faites tourner l'appareil en ajoutant 1 cuillère à soupe d'eau, ou plus, jusqu'à obtention d'une pâte lisse et homogène se roulant facilement en boule. Enveloppez-la dans du film adhésif et laissez-la reposer au frais quelques heures. Préparez ensuite la pâte noire, en procédant de même, et en ajoutant 2 à 3 cuillères à soupe d'eau.

Rincez longuement les palourdes (jetez celles dont la coquille est brisée): mettez-les dans une terrine; poudrez-les de gros sel: couvrez-les largement d'eau froide: laissez-les deux à trois heures dans un endroit frais; elles se débarrasseront ainsi du sable qu'elles pourraient contenir.

Passez la pâte blanche puis la pâte noire au laminoir puis découpez-les en fines tagliatelles – les trenettes – de 4 mm de large.

Égouttez les palourdes. Séchez les supions dans un torchon. Faites chauffer 3 cuillères à soupe d'huile d'olive dans une sauteuse de 28 cm, jetez-y les supions; faites-les cuire 2 minutes à feu vif puis ajoutez les palourdes, le vin blanc et 2 dl d'eau. Couvrez la sauteuse. Lorsque les palourdes sont ouvertes, ajoutez 3 cuillères à soupe d'huile d'olive, en faisant tourner la sauteuse pour créer une émulsion. Salez si nécessaire, poivrez. Éteignez le feu.

Faites cuire les trenettes al dente à l'eau bouillante salée; égouttez-les; mettez-les dans la sauteuse et tournez-les dans les fruits de mer et dans leur jus en les soulevant à l'aide de deux fourchettes et en ajoutant les feuilles de persil et l'huile d'olive restante en mince filet.

Répartissez le contenu de la sauteuse dans des assiettes creuses... servez aussitôt.

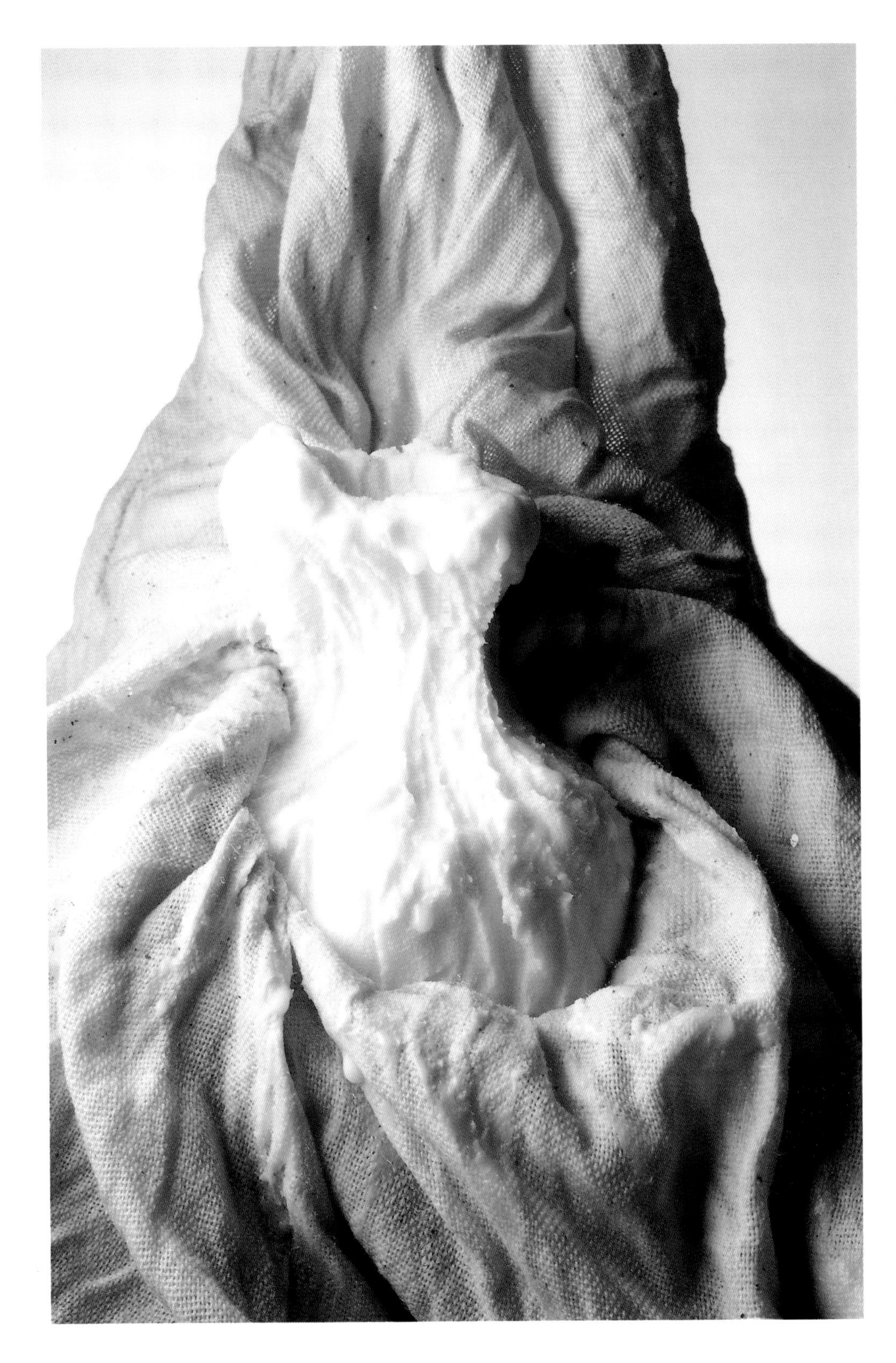

« Modelage du beurre pour la table. »
En même temps que l'assortiment des pains présentés dans des corbeilles tapissées de serviettes de lin blanc, on apporte le beurre à table. Deux petites formes, pas plus grosses que des noix – une "calebasse" évoquant les fromages italiens "cacciotte" pour le beurre doux, une "goutte" pour le beurre demi-sel – sont présentées sur un petit plateau de vermeil. En cuisine, le beurre cru arrive dans des petites bourriches. On le laisse s'assouplir 1 heure à température ambiante avant d'en prélever des cuillerées que l'on façonne à la main dans une étamine de fil : le tissu imprime sa trame dans le beurre et absorbe les gouttes de lait exsudées pendant le modelage.

« Rillettes de lapin au romarin. »
(Recette p. 146)
Après deux heures de douce et lente cuisson dans de la graisse de porc, la chair savoureuse d'un lapin fermier devient si tendre et si fondante que trois tours de cuillère suffisent à la transformer en très fines rillettes. Parsemées d'une pincée de feuilles de romarin frais ciselées qui leur apporte l'indispensable et irrésistible parfum de garrigue, on les dévore froides, à toute heure, sur des tranches de pain de campagne grillées chaudes.

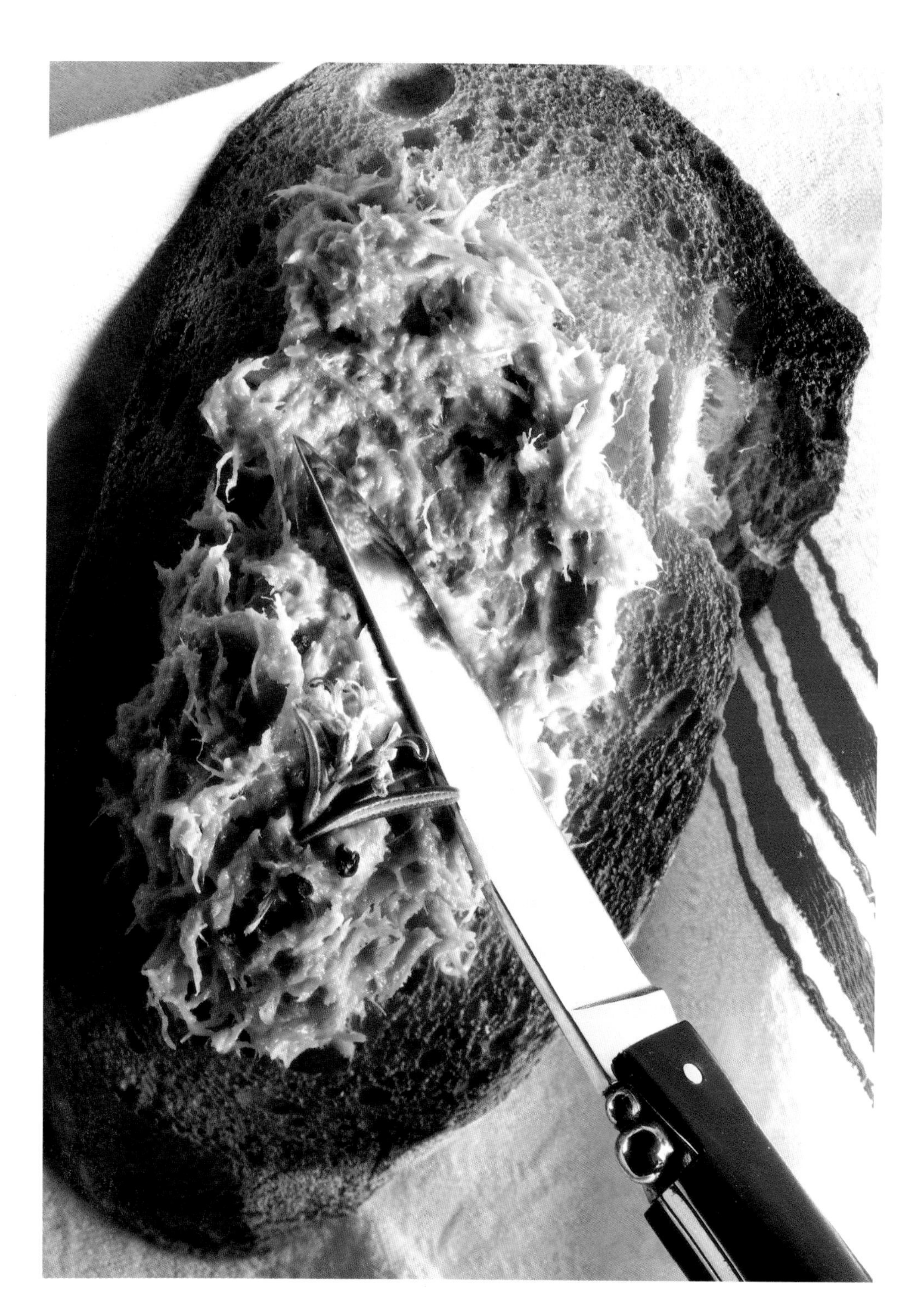

SAINT-JACQUES POÊLÉES AUX POIREAUX ET AUX CHAMPIGNONS SAUVAGES

POUR 4 PERSONNES

12 noix de Saint-Jacques prélevées sur des coquillages vivants • 12 jeunes et petits poireaux • 1 grosse tête de cèpe • 50 g de mousserons • 50 g de girolles • 4 copeaux de tomate confite (page 280) • 50 g de moelle de bœuf (dégorgée à l'eau salée glacée) • 1 échalote hachée menu • 1/4 l de fond blanc (page 17) • 4 brins de cerfeuil • 50 g de beurre • 4 c. à s. d'huile d'olive • Sel • Poivre.

Nettoyez les poireaux; lavez-les; coupez la partie blanche et la partie vert tendre en bâtonnets obliques de 3 cm. Essuyez la tête de cèpe avec un torchon humide; coupez-la en quatre lamelles; coupez le bout terreux du pied des girolles et des mousserons; lavez-les; épongez-les. Coupez la moelle en cubes de 1 cm. Effeuillez le cerfeuil. Lavez longuement les noix de Saint-Jacques; épongez-les.

Faites chauffer 2 cuillères à soupe d'huile d'olive dans une sauteuse de 26 cm; ajoutez la moitié du beurre et lorsqu'il a fondu, jetez les poireaux dans la sauteuse. Faites-les cuire 3 minutes à feu modéré puis ajoutez les champignons et 5 minutes plus tard, l'échalote. Versez la moitié du fond blanc. Laissez-le réduire à feu plutôt vif, puis ajoutez le reste et laissez réduire de moitié.

Faites chauffer l'huile restante dans une poêle antiadhésive de 26 cm; ajoutez le beurre restant. Salez et poivrez les noix de Saint-Jacques. Faites-les très rapidement dorer à feu vif dans la poêle; retirez-les à l'aide d'une spatule à fentes et mettez-les dans la sauteuse avec les dés de moelle et les copeaux de tomate confite coupés en deux. Couvrez. Laissez cuire 1 minute 30. Parsemez de cerfeuil... et servez.

LOUP À L'ÉTOUFFÉE AUX ASPERGES, CÉBETTES ET TRUFFES NOIRES

POUR 4 PERSONNES

4 pavés de loup sans peau ni arêtes de 160 g chacun • 4 asperges vertes • 4 asperges violettes • 8 cébettes • 40 g de truffe noire hachée • 1/4 l de fond de volaille (page 17) • 1 dl d'huile d'olive • 40 g de beurre • gros sel de Guérande • Poivre du moulin.

Épluchez les asperges et coupez-les en sifflets (en oblique, en bâtonnets de 4 cm de long). Épluchez les cébettes, débarrassez-les de leur partie verte et coupez-les en sifflets. Salez et poivrez les pavés de loup.

Faites chauffer la moitié de l'huile d'olive dans une sauteuse de 26 cm; jetez-y les asperges et les cébettes; faites-les cuire à feu doux 5 minutes en les salant, puis ajoutez la truffe hachée et après 2 minutes, le fond blanc. Lorsque le fond blanc bout, ajoutez le beurre et, lorsque l'émulsion se produit, mettez les pavés de loup dans la sauteuse; nappez-les d'huile d'olive restante. Couvrez la sauteuse. Laissez-les cuire 5 minutes d'un

« Lard paysan. » Ainsi Alain Ducasse appelle-t-il ce lard de poitrine maigre, juste salé et poivré, à demi séché, savoureux et fondant, qu'un authentique charcutier du Pays Basque prépare pour lui. C'est ce lard, coupé en lamelles translucides grillées très croustillantes sur les braises, qui accompagne hors-d'œuvre et salades. C'est ce même lard, coupé en cubes ou en bâtonnets, blanchi ou doré, qui agrémente les farces de volailles et les plats de légumes. C'est encore ce lard que l'on glisse entre chair et peau, en compagnie d'une feuille de sauge fraîche, dans les poitrines des rustiques pigeonneaux du pays, pour les nourrir et les parfumer, si finement émincé qu'il fond pendant qu'elles grillent sur les braises.

« Tourtelettes aux poireaux-pommes de terre à l'œuf de caille. » *(Recette page 121).* *Une petite bourse de pâte à l'huile d'olive garnie d'une purée de pommes de terre dans laquelle on glisse un œuf de caille poêlé et paré, accompagnée d'une translucide lamelle de lard paysan grillée très croustillante : c'est juste une bouchée, chaude, très appétissante, pleine de ce « charme tout de fantaisie et de grâce inventive » que selon Édouard Nignon, les hors-d'œuvre doivent avoir. « À ces Émaux et Camées de la cuisine, à ces miniatures délicates, à ces exquises frivolités, le rôle est dévolu de préluder harmonieusement à nos repas. Seuls des virtuoses sauront orchestrer ces aimables préludes chargés d'ouvrir l'appétit, et qui devront laisser l'estomac non satisfait, mais doté d'un charme opportunément acquis, d'un désir logique, celui de recevoir une nourriture plus substantielle », écrivait-il, dans ses « Éloges de la cuisine française ».*

« Potagers en terrasses, en Ligurie. » Par-dessus le mur de pierres qui longe les jardins surplombant « Castel Vittorio » et dévalant vers la Nervia, Alain Ducasse dévore des yeux les potagers où grimpent, sur de longs palis : tomates, haricots verts, petits pois dits « téléphone » à cause de leurs longues vrilles et haricots « cocos » à écosser, ses préférés.

côté, puis retournez-les et laissez-les cuire 3 minutes de l'autre côté. Une fois cuits, retirez les pavés de loup de la sauteuse à l'aide d'une écumoire et mettez-les dans des assiettes creuses chaudes. Couvrez-les des légumes. Faites réduire le fond de cuisson à feu vif, jusqu'à ce qu'il soit sirupeux, 2 à 3 minutes environ. Nappez-en le poisson et sa garniture ; poivrez ; poudrez de quelques grains de gros sel... et servez aussitôt.

TOURTELETTES POIREAUX-POMMES DE TERRE À L'ŒUF DE CAILLE

Photo page 119

POUR 12 PETITES TOURTES

POUR LA PÂTE

250 g de farine de blé blanche • 45 g d'huile d'olive • 80 g d'eau • 1 pincée de sel.

POUR LA GARNITURE

300 g de pommes de terre à chair farineuse • 300 g de poireaux (le blanc et la partie vert tendre) • 80 g de parmesan râpé • 1 dl de lait • 1 dl de crème liquide • 2 c. à s. de persil plat ciselé • 3 c. à s. d'huile d'olive • 3 pincées de noix muscade râpée • Sel • Poivre • 100 g de lard paysan (12 très fines tranches) • 12 œufs de caille • 3 c. à s. d'huile d'arachide.

Préparez la pâte : mélangez tous les ingrédients dans le bol d'un robot ; lorsque la pâte est lisse, homogène, et qu'elle se roule en boule, entourez-la de film et laissez-la reposer au frais 1 heure au moins.

Rincez les pommes de terre ; mettez-les dans une casserole, couvrez-les d'eau froide et faites-les cuire jusqu'à ce que la lame d'un couteau les transperce facilement. Coupez les poireaux en très fines rondelles obliques : faites-les cuire 5 minutes à feu doux avec la moitié de l'huile d'olive. Pelez les pommes de terre ; écrasez-les en purée ; ajoutez-y le parmesan, le lait, la crème, sel, poivre, noix muscade, persil, huile restante et poireaux. Mélangez.

Allumez le four, th. 5 (175°). Étalez la pâte ; découpez-y des cercles de 10 cm de diamètre, à l'aide d'un emporte-pièce puis tapissez de cette pâte 12 petits moules à tarte (ou 12 cercles placés sur une plaque à pâtisserie) de 7 cm de diamètre : la pâte doit dépasser des bords des moules ; garnissez les moules de la préparation aux poireaux-pommes de terre ; plissez les bords de la pâte en les pinçant légèrement.

Faites cuire les petites tourtes 9 à 10 minutes : elles doivent être juste blondes. Pendant leur cuisson, faites griller les tranches de lard dans une poêle antiadhésive ; égouttez-les sur du papier absorbant. Faites cuire les œufs de caille à la poêle dans l'huile d'arachide puis découpez le blanc à l'aide d'un emporte-pièce rond de 4 cm, placé au centre de l'œuf.

Lorsque les tourtes sont cuites, déposez un œuf de caille au centre ; mettez-les dans des petites assiettes, entourez-les de lard croustillant... et servez-les aussitôt, à l'apéritif, ou en entrée. Vous pouvez couler tout autour un peu de jus de volaille.

RISOTTO AUX MORILLES FRAÎCHES DE LOZÈRE

Photo page 87

POUR 4 PERSONNES

200 g de riz d'Italie : « Arborio » ou « Vialone nano » • 600 g de morilles fraîches • 60 g d'échalote hachée menu • 60 g d'oignon haché menu • 50 g de moelle de bœuf (dégorgée à l'eau salée froide) • 1 dl de vin blanc sec • 9 dl de fond blanc (page 17) • 60 g de parmesan râpé • 80 g de crème fouettée • 1 c. à s. d'huile d'olive • 125 g de beurre • 1 dl de jus de veau (page 19) • Sel • Poivre.

Lavez les morilles dans plusieurs eaux. Faites fondre 25 g de beurre dans une sauteuse de 26 cm ; ajoutez-y 30 g d'échalote hachée et les morilles. Salez légèrement. Laissez cuire 15 minutes à couvert puis découvrez et laissez s'évaporer entièrement l'eau des champignons.
Réservez les champignons au chaud.
Coupez la moelle en petits cubes ; mettez-la dans une cocotte en fonte de 4 litres avec l'oignon et 25 g de beurre ; faites à peine blondir l'oignon, et ajoutez le riz dans la cocotte et laissez-le dorer légèrement, en le tournant sans cesse avec une spatule ; mouillez-le de vin blanc. Lorsque le vin s'est évaporé, versez le bouillon sur le riz, en cinq ou six fois, en attendant que le riz couvert de bouillon versé précédemment l'ait absorbé entièrement pour en verser à nouveau. La cuisson du riz dure environ 18 minutes : il ne faut pas cesser de le tourner. Lorsqu'il est cuit, ajoutez-y le beurre, puis le parmesan, en tournant vivement, et enfin l'huile d'olive et la crème fouettée : le risotto doit être onctueux.
Faites bouillir le jus de veau. Réchauffez les champignons. Poivrez-les.
Versez le risotto dans des assiettes creuses ; répartissez les champignons sur le riz ; nappez de jus de veau... et servez aussitôt.

SALADE DE RIQUETTE ET DE PISSENLIT, CONFIT DE LAPIN ET FOIES TIÈDES AUX FÉVETTES, OLIVES PITCHOULINES ET THYM FRAIS

POUR 4 PERSONNES

1 lapin de 1,5 kg (sans le foie) • 200 g de foies de lapin • 1 kg de graisse de canard fondue • 200 g de riquette (roquette) • 100 g de pissenlit • 400 g de févettes • 50 g d'olives de Nice « pitchoulines » • 4 brins de thym frais • 12 fines rondelles de pain « ficelle » • 1 gousse d'ail • 1,25 dl d'huile d'olive • 1 c. à s. de vinaigre de Xérès • 50 g de gros sel gris • Sel de mer fin • Poivre.

Page 123 : « Cocos de la "Valle Nervia". » Les gousses renflées, épaisses et encore vertes des haricots « cocos » renferment des graines ovales de 1 centimètre, tendres, lisses, brillantes, à la peau très fine, d'un blanc nacré, imparfaitement mûres mais délicieuses, et que l'on peut déjà cueillir... Plus les graines mûrissent, plus elles grossissent, plus leur peau épaissit et leur chair devient farineuse ; les gousses brunissent et se dessèchent : on écosse alors les cocos pour les conserver et les déguster secs. Leur goût, leur consistance ne sont plus les mêmes que ceux des cocos écossés frais.

Ci-contre : « Cocos frais du Val de Nervia aux aromates ». (Recette page 148). Comme tous les haricots à écosser cueillis avant maturité, les cocos n'ont pas besoin d'être trempés avant la cuisson. Couverts d'eau froide et salés à mi-cuisson seulement pour éviter que leur peau ne durcisse irrémédiablement, nappés d'un filet d'huile d'olive pour les rendre onctueux, parfumés d'aromates frais, ils cuisent très vite et sont délicieux tièdes.

La veille, coupez le lapin en deux : séparez l'avant de l'arrière ; poudrez l'arrière de gros sel et laissez le lapin macérer 8 heures au frais. Au bout de ce laps de temps, essuyez-le avec un linge pour en retirer le sel et découpez-le : coupez les cuisses en deux et le râble en quatre. Faites chauffer la graisse dans une cocotte de 26 cm à 80 ° ; plongez-y les morceaux de lapin ; laissez-les confire, sans y toucher, et à cette température, pendant 3 heures. Pendant ce temps, avec l'avant du lapin coupé en morceaux, préparez un jus de lapin selon la recette du « jus de veau... et autres jus » (page 19) : cela n'est pas absolument nécessaire, mais le plat gagnera beaucoup en saveur lorsque vous ajouterez ce jus réduit à 3 cuillères à soupe dans la vinaigrette de la salade !

Lavez les salades; essorez-les ; mettez-les dans un saladier. Dans un bol, émulsionnez au fouet : huile d'olive (1 dl), vinaigre de Xérès, sel, poivre et, éventuellement, jus de lapin...

Écossez les févettes ; réservez-les dans un bol. Lorsque le lapin est cuit, retirez-le de la graisse à l'aide d'une écumoire et laissez-le s'égoutter sur une grille, au-dessus d'un plat. Glissez les foies dans la graisse ; laissez-les confire 3 minutes puis égouttez-les.

Badigeonnez d'huile restante les petites rondelles de pain ; faites-les chauffer au gril du four puis pelez la gousse d'ail et frottez leurs deux faces. Lavez les brins de thym ; épongez-les ; coupez chacun d'eux en quatre. Coupez les foies de lapin en fines lamelles obliques. Assaisonnez la salade de la moitié de la vinaigrette ; ajoutez-y les olives et les févettes ; mélangez. Répartissez-la dans les assiettes ; entourez-la d'un morceau de cuisse et d'un morceau de râble confit et de lamelles de foie tièdes ; parsemez de thym ; nappez de vinaigrette restante ; décorez de petits chapons aillés et... servez aussitôt.

BUGNES À LA FLEUR D'ORANGER

Photo page 103

POUR 8 À 12 PERSONNES

500 g de farine de blé blanche type 45 • 10 g de sel de mer fin • 25 g de sucre semoule • 10 g de levure boulangère fraîche • 7 œufs • 100 g de beurre très mou • 3 c. à s. d'eau de fleur d'oranger • 1 l 1/2 d'huile d'arachide • Sucre glace.

Diluez la levure dans 2 cuillères à soupe d'eau à peine tiède. Dans le bol d'un batteur électrique équipé d'un crochet, mettez la farine, le sel et le sucre. Branchez l'appareil, et, pendant qu'il tourne à vitesse moyenne, incorporez à la farine la levure, les œufs, un à un, et l'eau de fleur d'oranger.

Laissez le robot pétrir la pâte environ 1/4 d'heure, jusqu'à ce qu'elle se décolle des parois de la cuve. Ajoutez alors le beurre : 1 à 2 minutes plus tard, la pâte, lisse et homogène, se détache à nouveau de la cuve. Laissez-la reposer au réfrigérateur, 3 heures au moins.

Au bout de ce laps de temps, étalez la pâte au

rouleau le plus finement possible, sur le plan de travail légèrement fariné. Découpez-la en rectangles.
Versez l'huile dans une bassine à friture; faites-la chauffer. Lorsqu'elle frémit (elle ne doit pas être brûlante) glissez-y les rectangles de pâte: lorsqu'ils sont gonflés et dorés, retirez-les à l'aide d'une écumoire et laissez-les s'égoutter, d'abord sur une grille, puis sur du papier sulfurisé. Laissez refroidir les bugnes avant de les poudrer de sucre glace... et de les servir dans une corbeille tapissée de lin.

MADELEINES

Photo page 106

POUR 40 MADELEINES

245 g de farine de blé blanche, type 45 • 6 œufs + 4 jaunes • 275 g de sucre semoule • 300 g de beurre clarifié • 10 g de levure chimique • 5 g de sel de mer fin.

POUR LES MOULES

25 g de beurre très mou • 2 c. à s. de farine.

Dans un saladier, mélangez la farine, le sucre, le sel et la levure. Cassez les œufs dans un second saladier; ajoutez-y les jaunes; mélangez au fouet; ajoutez le contenu du premier saladier, en tournant au fouet (et non au batteur électrique). Lorsque le mélange est homogène, incorporez le beurre clarifié. Laissez reposer cette pâte 1 heure à température ambiante.

Au bout de ce laps de temps, allumez le four th. 6 (200 °). Beurrez les moules à madeleines; poudrez-les de farine. Remplissez les moules de pâte à l'aide d'une cuillère à soupe, ou mieux, mettez la pâte dans une poche munie d'une douille lisse de 1 cm de diamètre: le remplissage des moules sera plus facile.
Faites cuire les madeleines 10 minutes, ou un peu plus ou un peu moins: elles doivent être blondes... À leur sortie du four, décollez-les des moules et laissez-les tiédir dedans, posées sur l'arête (voyez la photo), afin qu'elles ne refroidissent pas trop vite. Une fois tièdes, dressez-les dans une corbeille tapissée d'une serviette de lin.
Notez que les madeleines cuiront mieux dans un four ventilé (dit « à chaleur tournante ») que dans un four traditionnel.

GAUFRES CHAUDES À LA CRÈME GLACÉE AUX MARRONS, CHANTILLY VANILLÉE, SAUCE CHOCOLAT

Photo page 109

POUR 6 PERSONNES

POUR LA PÂTE À GAUFRES

125 g de farine de blé blanche type 45 • 25 g de sucre semoule • 10 g de levure chimique • 40 g de beurre fondu • 2 g de sel de mer fin • 2 œufs • 175 g de lait.

« Bouillon de cocos frais aux ravioles de fromage. » (Recette page 148). Dans de nombreuses provinces italiennes, on fait cuire des pâtes courtes en compagnie des haricots, dans le bouillon où ils ont cuit, et dont la moitié a été réduite en purée, au préalable : c'est la « pasta e fagioli » que l'on déguste chaude, tiède ou froide, généreusement nappée d'une huile d'olive très fruitée. Cette recette est une extrapolation très délicate et raffinée de l'antique et roborative recette paysanne.

POUR LA CRÈME GLACÉE AUX MARRONS

1/2 l de lait • 1/2 l de crème liquide • 150 g de sucre semoule • 3 jaunes d'œufs • 200 g de brisures de marrons glacés • 1 dl de liqueur de whisky.

POUR SERVIR

1/4 l de sauce chocolat (page 194) chaude • 3 dl de crème liquide très froide • 60 g de sucre semoule • 1 gousse de vanille.

Préparez d'abord la crème glacée : mettez les jaunes dans une casserole ; ajoutez le sucre ; fouettez jusqu'à ce que le mélange blanchisse.

LE RESPECT DU VRAI GOÛT DES CHOSES M'AMÈNE SOUVENT À CRÉER DES PLATS TRÈS SIMPLES, NE COMPORTANT PAS PLUS DE DEUX INGRÉDIENTS, RELEVÉS D'UN SEUL ÉLÉMENT AROMATIQUE, DONT L'ASSAISONNEMENT SE RÉDUIT À QUELQUES GRAINS DE SEL.

Dans une seconde casserole, faites bouillir le lait et la crème ; versez-les sur les jaunes en tournant vivement avec la spatule. Faites cuire la crème comme une crème anglaise, en la tournant sans cesse et sans la faire bouillir, sur un feu moyen, jusqu'à ce qu'elle nappe la spatule. Filtrez-la dans un chinois, ajoutez-y la liqueur de whisky et faites-la glacer dans une sorbetière ; lorsque la crème est prise, ajoutez-y les brisures de marrons, mélangez et réservez-la au grand froid dans un bac, ou un pot à glace.
Préparez ensuite la chantilly : fendez la gousse de vanille ; grattez-en l'intérieur avec un couteau pour récupérer toutes les petites graines noires aromatiques ; mettez-les dans une terrine ; ajoutez la crème liquide très froide ; fouettez-la vivement en y incorporant le sucre en pluie. Lorsque la crème est bien ferme, réservez-la au réfrigérateur.
Préparez enfin la pâte à gaufres : cassez les œufs en séparant les blancs des jaunes ; fouettez les blancs en neige. Dans une terrine, mélangez au fouet la farine, le sucre, le sel et la levure ; ajoutez les jaunes, le lait et le beurre fondu ; incorporez les blancs en neige en soulevant la pâte – délicatement – plutôt qu'en la tournant. Réservez-la au réfrigérateur.
Faites cuire les gaufres dans un gaufrier, juste avant de les servir, chaudes, accompagnées de crème glacée aux marrons, de chantilly vanillée... et de sauce chocolat.

GUIMAUVE AU PARFUM DE FLEURS OU DE FRUITS

Photo page 110

POUR 5 BANDES DE 30 X 1,5 CM

300 g de blancs d'œufs • 225 g de sucre semoule • 25 g de glucose • 15 g d'eau de fleur d'oranger ou de rose, ou d'essence de violette, fraise ou framboise • 12 g de gélatine (6 feuilles) • 100 g de fécule de pomme de terre.

« Poulpe de roche au court-bouillon citronné. » *(Recette page 151).* *En Méditerranée, on aime les poulpes qui vivent cachés dans les rochers dont ils ne sortent que pour se nourrir de coquillages et d'herbes marines et dont la chair est très blanche, très sucrée, très tendre lorsqu'ils sont petits. Il est facile de les capturer en les éblouissant avec des coquilles vides de moules éparpillées dans des nasses, ou, comme en Grèce, dans des amphores au col étroit, à demi remplies de petits cailloux qui emprisonnent les poulpes alors même qu'ils essaient de s'en échapper.*

« Calmar géant de l'Atlantique au musée océanographique de Monaco. »
Dans la salle d'océanographie appliquée du premier étage du musée, suspendue à mi-hauteur, une créature qui semble sortie tout droit d'un roman de Jules Verne. C'est la reproduction grandeur nature d'un calmar de 13 mètres 15, échoué au siècle dernier sur les côtes de Terre-Neuve.

« La Goélette du Prince Albert Ier. » Les maquettes des bateaux du Prince Albert Ier sont exposées au musée. Homme de science et marin, le prince, désireux d'aborder l'étude des mers, acheta en 1873, en Angleterre une petite goélette, la « Pleiad » qu'il rebaptisa l'« Hirondelle », à bord de laquelle il navigua 16 ans ; puis il fit construire des navires de plus en plus perfectionnés pour la recherche océanographique : la « Princesse Alice », la « Princesse Alice II », et l'« Hirondelle II » où il installa des laboratoires de biologie qui permirent une découverte fondamentale – celle de l'allergie, – à partir de l'étude du venin des physalies.

« Le port de Menton, la nuit »
Cerné par le quai Napoléon III et la jetée Impératrice Eugénie, le port s'étale au pied de la vieille ville adossée à des collines boisées ou cultivées en terrasses d'agrumes et d'oliviers descendant en pente douce vers la mer.

Page 134-135 : « Langoustine royale pêchée au large de San Sebastian. » Au printemps, au large de San Sebastian, on pêche parfois des langoustines géantes dites « royales », à cause de leur grande taille. Celle qui figure dans la double page précédente est photographiée en grandeur nature. La finesse de la chair des langoustines royales, fondante et très sucrée, est incomparable.

Ci-contre : « Papillons à l'encre aux fruits de mer » (Recette page 160). Supions, langoustines, homards, poulpes et palourdes cuits dans leur jus – court, frais, acidulé – monté à l'huile d'olive, garnissent des pâtes à l'encre en forme de nœud papillon : un plat savoureusement marin, éblouissant pour l'œil et le palais.

Faites tremper la gélatine 5 minutes dans de l'eau froide pour la ramollir.
Mettez le sucre, le glucose et 3 cuillères à soupe d'eau dans une casserole à fond épais. Posez la casserole sur un feu moyen. Faites cuire au « petit cassé » (127 ° au pèse-sirop), c'est-à-dire jusqu'à ce qu'une goutte de sirop coulée sur une assiette froide se solidifie et se casse facilement. Mettez les blancs d'œufs dans le bol d'un robot équipé d'un fouet boule ; montez-les en neige ; retirez le sirop du feu et placez la casserole 10 secondes dans de l'eau froide afin d'arrêter la cuisson du sucre ; égouttez la gélatine ; mettez-la dans le sirop chaud – elle fond aussitôt ; ajoutez l'eau de fleurs ou l'essence de fruits dans le sirop ; versez-le en mince filet dans les blancs sans cesser de les fouetter. Continuez de les fouetter jusqu'à ce qu'ils soient presque froids.
Tapissez de papier sulfurisé une plaque rectangulaire et poudrez de fécule de pomme de terre ; faites couler la préparation au centre de la plaque et tandis qu'elle s'étale, formez avec des baguettes de bois de 2 cm de côté un cadre de 30 cm de long et de 10 cm de large. Etalez la préparation à l'aide d'une spatule ; poudrez-la de fécule ; couvrez-la d'un film et laissez-la reposer 2 jours à température ambiante. Après ce repos, retirez le film, éliminez la fécule à l'aide d'un pinceau et coupez la guimauve en bandes aussi larges que hautes. Réservez les bandes de guimauve dans un pot. Avant de servir, coupez-les en carrés, avec des ciseaux.

GÂTEAUX BRIOCHÉS À L'HUILE D'OLIVE

POUR 8 PERSONNES

800 g de farine de blé blanche type 45 • 300 g de sucre semoule • 4 œufs • 100 g de levure de bière fraîche • 160 g d'eau • 100 g d'huile d'olive • 100 g de beurre fondu.

Délayez la levure dans l'eau à température ambiante. Mettez la farine sur le plan de travail, ajoutez-y le sucre ; creusez un puits au centre ; cassez-y les œufs, versez-y la levure, l'huile et le beurre. En partant du centre vers l'extérieur et du bout des doigts, mélangez rapidement tous les éléments. Lorsque la pâte se roule facilement en boule, recouvrez-la d'un torchon et laissez-la lever, jusqu'à ce qu'elle double de volume. Écrasez-la une première fois avec le poing, et laissez-la lever à nouveau.

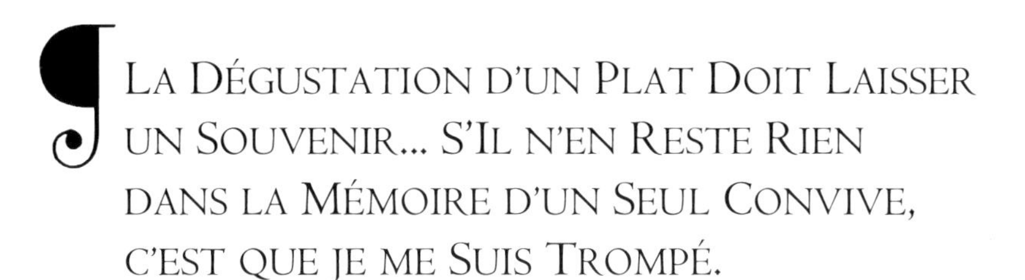

La Dégustation d'un Plat Doit Laisser un Souvenir... S'il n'en Reste Rien dans la Mémoire d'un Seul Convive, c'est que je me Suis Trompé.

Recommencez l'opération et mettez la pâte dans deux moules ronds beurrés de 26 cm ; laissez-la lever de nouveau, puis allumez le four, th. 4 (150°) et lorsqu'il est chaud, glissez-y le moule. Faites cuire le gâteau 40 minutes.

« Chapon de Méditerranée farci et braisé au fumet de bouillabaisse » (Recette page 162). « Scorpaena Scrofa », surnommée « chapon » est une rascasse méditerranéenne, rouge, tachetée de brun, qui vit dans les rochers. Sa chair très fine est plus prisée que celle de la rascasse brune tachetée de noir, « Scorpaena Porcus ». En Provence, on ne fait pas de bouillabaisse sans petits chapons aux goûts d'iode et d'algue qui la parfument, aux nombreux cartilages qui rendent le bouillon onctueux, à la chair blanche et délicate qui enrichit la soupe... Ici, un gros chapon de 25 cm, farci de blettes, de calmars, de champignons, de tomate confite et de petits chapons – croûtons de pain frits – est cuit comme un rôti dans une bouillabaisse faite avec des chapons plus petits...

« Vol de gabians sur la plage de Nice, le long de la Promenade des Anglais. »
Les gris goélands qui suivent les bateaux de pêche des rivages méditerranéens sont appelés « gabians » sur la Côte d'Azur, « gabbiani » en Italie. Leur insatiable appétit les guide parfois vers d'autres nourritures que les poissons, comme les viennoiseries des petits déjeuners servis sur les terrasses de l'hôtel de Paris.

À la sortie du four, vous pouvez poudrer les gâteaux de sucre et les asperger de 3 cuillères à soupe d'eau de fleur d'oranger.

POITRINES DE PIGEONNEAUX, FOIE GRAS DE CANARD ET POMMES NOUVELLES GRILLÉS À LA BRAISE, GROS SEL ET POIVRE CONCASSÉ

POUR 4 PERSONNES

4 pigeonneaux étouffés de 400 g chacun • 200 g de foie gras de canard cru, en 4 escalopes de 1 cm d'épaisseur • 12 pommes de terre nouvelles de 50 g chacune • 4 très fines tranches de lard paysan • 4 feuilles de sauge • 2 brins de persil plat • 12 brins de cerfeuil • 5 feuilles de basilic • 1 botte de ciboulette • 1 c. à s. de vinaigre de Xérès • 100 g de beurre • 1,5 dl d'huile d'olive • 1 gousse d'ail • Sel • Poivre • 2 c. à s. de gros sel de Guérande • 2 c. à s. de poivre concassé.

POUR LA CUISSON DES POMMES DE TERRE

1 brin de sauge • 1 brin de romarin • 1 feuille de laurier • 1 gousse d'ail • 1 c. à s. de gros sel • 1 c. à s. de poivre concassé gros.

Préparez les pigeonneaux : ôtez les cuisses et réservez-les pour un autre usage ; retirez la colonne vertébrale et le cou ; aplatissez légèrement « en crapaudine » la poitrine des pigeonneaux et maintenez la peau sur la chair en la cousant, au niveau du bréchet. Sur chaque suprême, faites glisser sous la peau 1/2 tranche de lard et 1/2 feuille de sauge. Huilez-les ; salez-les ; poivrez-les. Rincez les pommes de terre ; mettez-les dans une grande casserole avec sauge, romarin, laurier, gros sel, poivre et gousse d'ail. Couvrez-les très largement d'eau froide. Faites-les cuire à feu doux jusqu'à ce que la pointe d'un couteau les transperce facilement.

Préparez le jus de pigeon : dans une sauteuse de 20 cm, mettez les os des pigeons, les cous, les colonnes, 50 g de beurre et 5 cl d'huile d'olive, la gousse d'ail, faites rissoler le tout à feu plutôt vif puis couvrez d'eau (ou mieux, de bouillon) et laissez réduire à sec. Recommencez l'opération 3 fois puis mouillez de 6 cuillères à soupe d'eau ; filtrez le contenu de la sauteuse : il reste 4 cuillères à soupe de jus ; dégraissez-le ; réservez-le dans une petite casserole. Ciselez finement la ciboulette, sauf 4 brins que vous coupez en bâtonnets de 1 cm et réservez à part ; effeuillez le persil et le cerfeuil ; jetez les tiges ; ciselez finement les feuilles. Coupez le basilic en très fines lanières. Allumez le four th. 8 (250°).

Lorsque les pommes de terre sont cuites, égouttez-les et coupez-les toutes chaudes en rondelles de 6 mm d'épaisseur (ne les pelez pas) ; badigeonnez-les d'huile d'olive et mettez-les dans un plat à four.

Faites griller sur des braises les poitrines de pigeonneaux, 10 minutes de chaque côté. Laissez-les reposer 5 minutes dans un plat puis

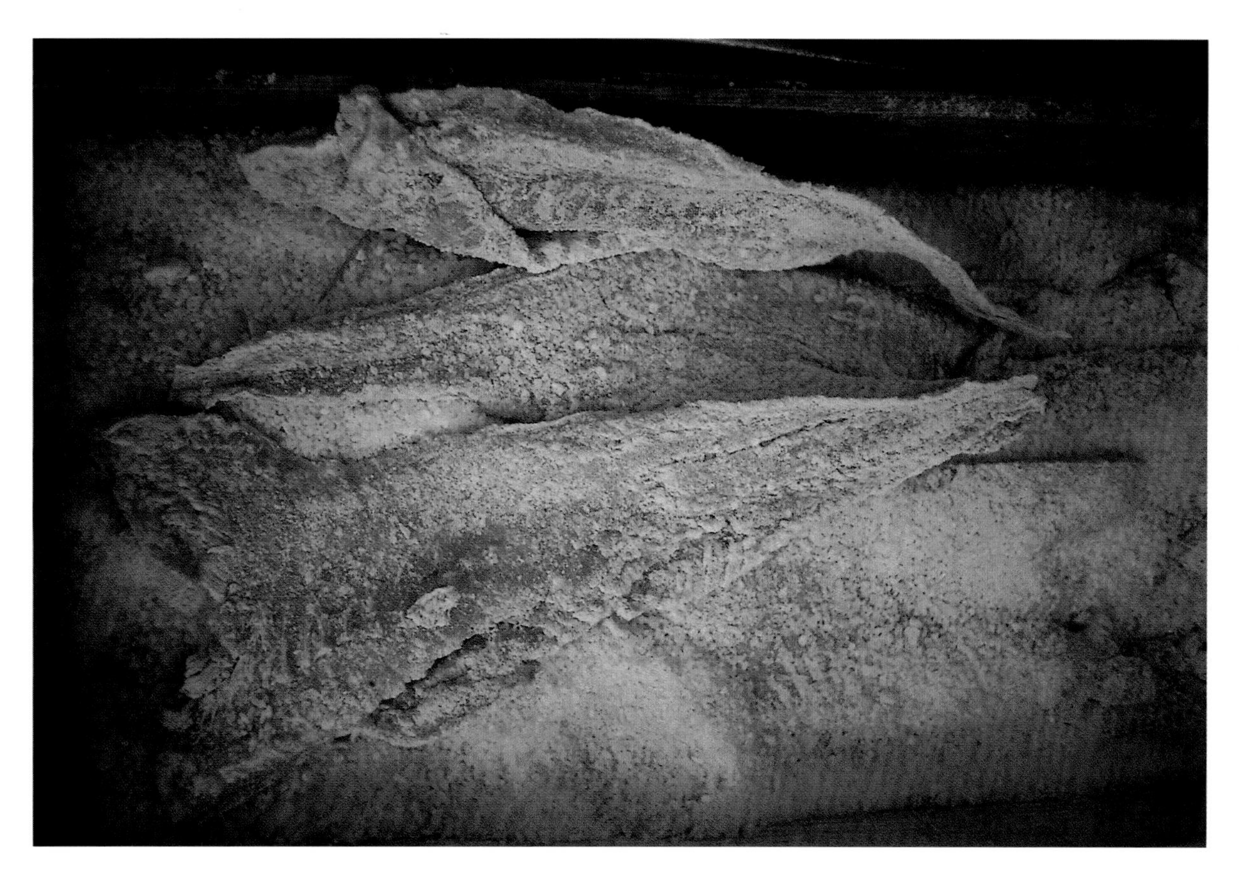

Page 143 : « Bulbe d'ail blanc à grosses gousses. »
L'ail préféré des gens du midi n'est pas l'ail ordinaire « Allium Sativum », rose ou violet, fort et piquant, mais l'ail d'Orient, « Allium Ampeloprasum », aux grosses gousses blanches douces, juteuses et fruitées. C'est aussi la variété préférée d'Alain Ducasse qui, sauf pour les petits croûtons frottés accompagnant la salade niçoise à la monégasque, l'utilise très rarement cru. Pour une brandade, par exemple, il fait d'abord confire les gousses dans de l'huile d'olive avant de les incorporer à la morue. Pour les têtes de cèpes piquées d'ail cuites au four, il coupe en fines lamelles les gousses préalablement confites dans de la graisse d'oie.

Ci-dessus : « Morue de Bilbao. »
La morue salée, séchée, épaisse, entière, se fait de plus en plus rare. Alain Ducasse la fait venir de Bilbao. Après dessalage, la chair apparaît très blanche, très souple, très délicatement parfumée.

« Pommes en robe au bouillon d'aromates. ». *(Recette page 165).* *Au lieu de faire cuire à l'eau simplement salée les pommes de terre nouvelles qu'il fait ensuite griller sur les braises ou dont il fait des salades, Alain Ducasse préfère y ajouter des têtes d'ail coupées en deux horizontalement, des échalotes coupées en deux verticalement, du thym, du laurier, des tiges de persil et des brins de cerfeuil. Dans l'eau bouillante, les aromates distillent rapidement leurs parfums qui, à travers la peau très fine des pommes de terre, embaument délicatement leur chair.*

désossez-les et coupez la pointe des ailerons. Mettez-les dans un plat à four.
Posez les pommes de terre sur le gril au-dessus des braises, quadrillez-les sur leurs deux faces et remettez-les dans le plat avec une noisette de beurre sur chacune d'elles ; glissez le plat au four, ainsi que celui qui contient les pigeonneaux, pour 3 minutes ; pendant ce temps, faites griller les tranches de foie gras 1 minute de chaque côté, en les quadrillant. Réservez-les sur une grille.

LA PRÉSENTATION D'UN METS DOIT ÊTRE LE REFLET DU SOIN DONT IL A ÉTÉ L'OBJET EN CUISINE. AINSI, LE PLUS SOUVENT, J'ENVOIE EN SALLE DES PIÈCES ENTIÈRES, SANS DÉCOR SUPERFLU, BIEN PLUS SUGGESTIVES ET ODORANTES QUE DES ASSIETTES PRÉALABLEMENT DRESSÉES, FORCÉMENT DÉCORÉES, INUTILEMENT FARDÉES.

Faites bouillir le jus de pigeon avec 3 cuillères à soupe d'huile d'olive, le vinaigre de Xérès, sel et poivre, et toutes les herbes.
Disposez les pommes de terre en rond dans des assiettes chaudes; poudrez-les de gros sel et de ciboulette en bâtonnets; poivrez-les. Posez les pigeonneaux et les tranches de foie gras sur les pommes de terre, versez un peu de jus vinaigré aux herbes autour. Parsemez le foie gras de gros sel et de poivre concassé... et servez aussitôt.

RILLETTES DE LAPIN AU ROMARIN

Photo page 116

POUR 6 PERSONNES

300 g de chair de lapin désossée • 200 g de gras de porc • 1 oignon de 50 g, pelé • 1 carotte de 100 g, pelée • 100 g de céleri en branches • 1 c. à c. de romarin frais haché • 1 feuille de laurier • 2 gousses d'ail • 1/2 l de vin blanc • 1 c. à s. de cognac • Sel • Poivre.

Coupez l'oignon en deux, la carotte en trois, horizontalement ; coupez le céleri en bâtonnets de 4 cm ; pelez les gousses d'ail. Hachez le lard gras dans un hachoir muni de la grosse grille ; mettez-le dans une cocotte de 4 litres ; faites-le fondre sur feu doux puis ajoutez-y les morceaux de lapin, 1 pincée de romarin, la feuille de laurier, sel, poivre. Lorsque la viande a blanchi, ajoutez-y les légumes et les gousses d'ail. Lorsque les légumes sont tendres, ajoutez le vin blanc ; laissez-le réduire des 2/3 puis ajoutez 1/4 l d'eau et faites cuire le lapin, à feu doux, jusqu'à ce qu'il soit très tendre et que ses chairs se défassent, 2 heures environ, à tout petits frémissements.
Lorsque le lapin est cuit, retirez de la cocotte légumes et aromates, et versez son contenu dans un cul-de-poule placé dans de la glace pilée ; ajoutez le cognac. Émiettez le lapin à l'aide d'une spatule, tout en tournant vivement, pour obtenir des rillettes... et servez-les, poudrées de romarin restant, sur des tranches de pain de votre choix, bien dorées.

« Purée de pommes de terre à la fourchette, à l'huile d'olive et au persil. »
(Recette page 167).
Cuites dans leur peau, pelées toutes chaudes, les grosses pommes de terre de Manosque à chair jaune qui se délite, s'écrasent très facilement à la fourchette en flocons légers qu'un simple filet d'huile d'olive suffit à transformer, parsemés de persil, en garniture exceptionnelle pour viandes, volailles et poissons grillés et rôtis.

COCOS FRAIS DU VAL DE NERVIA AUX AROMATES

Photo page 124

POUR 6 PERSONNES

2 kg de cocos frais du Val de Nervia • 1 petite carotte • 1 gousse d'ail • 1/2 oignon blanc • 1 quartier de tomate • 3 feuilles de céleri • 1 petit brin de romarin • 1 feuille de laurier • 2 c. à s. d'huile d'olive • Sel.

Écossez les cocos – il en reste environ 1 kg – mettez-les dans une cocotte de 4 litres ; pelez la carotte, lavez-la, coupez-la en deux, mettez-la dans la cocotte avec la gousse d'ail non pelée – en chemise – le demi-oignon, le quartier de tomate, les feuilles de céleri, le brin de romarin, le laurier. Nappez le tout d'huile d'olive. Couvrez les cocos et leurs aromates d'eau froide, à hauteur. Posez la cocotte sur un feu doux. Lorsque l'ébullition se produit, baissez encore le feu et laissez cuire les cocos à tout petits frémissements, 45 minutes environ. Salez-les légèrement pendant les 10 dernières minutes de la cuisson et pas avant : leur peau durcirait, irrémédiablement.

Retirez les aromates et jetez-les ; égouttez les cocos ; dégustez-les tièdes, nappés d'huile d'olive pour accompagner des viandes braisées, ou parsemés de petits carrés de piments « piquillos » en accompagnement de la « morue de Bilbao aux pétales d'ail » (page 168). Vous pouvez y ajouter des oignons blancs émincés, ou des cébettes, et y mêler du thon à l'huile effeuillé, ou du persil concassé lorsque vous les servirez en salade avec des rouelles de poulpe, par exemple.

Si vous voulez les servir chauds, récupérez un peu de leur jus de cuisson, écrasez quelques cocos dedans et liez-les avec cette petite purée additionnée d'huile d'olive... Dans tous les cas, poivrez-les au moment de les déguster.

BOUILLON DE COCOS FRAIS AUX RAVIOLES DE FROMAGE

Photo page 127

POUR 6 PERSONNES

POUR LE BOUILLON

700 g de cocos frais écossés • 2 l de bouillon de poule • 100 g de crème fouettée • 100 g de beurre • 1 dl d'huile d'olive • 1 brin de romarin frais • 4 feuilles de sauge fraîche • 2 c. à s. de ciboulette finement ciselée • 3 c. à s. de vinaigre de Xérès • 1 c. à c. de gros sel de Guérande • Poivre.

POUR LES RAVIOLES

100 g de farine • 1 œuf • 3 c. à s. d'huile d'olive • 1 pincée de sel • 100 g de pecorino frais toscan • 100 g de mascarpone.

Préparez d'abord la pâte à ravioles : mélangez dans un robot la farine, l'œuf, l'huile d'olive, et le sel ; lorsque la pâte forme une boule, enveloppez-la de film et laissez-la reposer 1 heure au moins au frais.

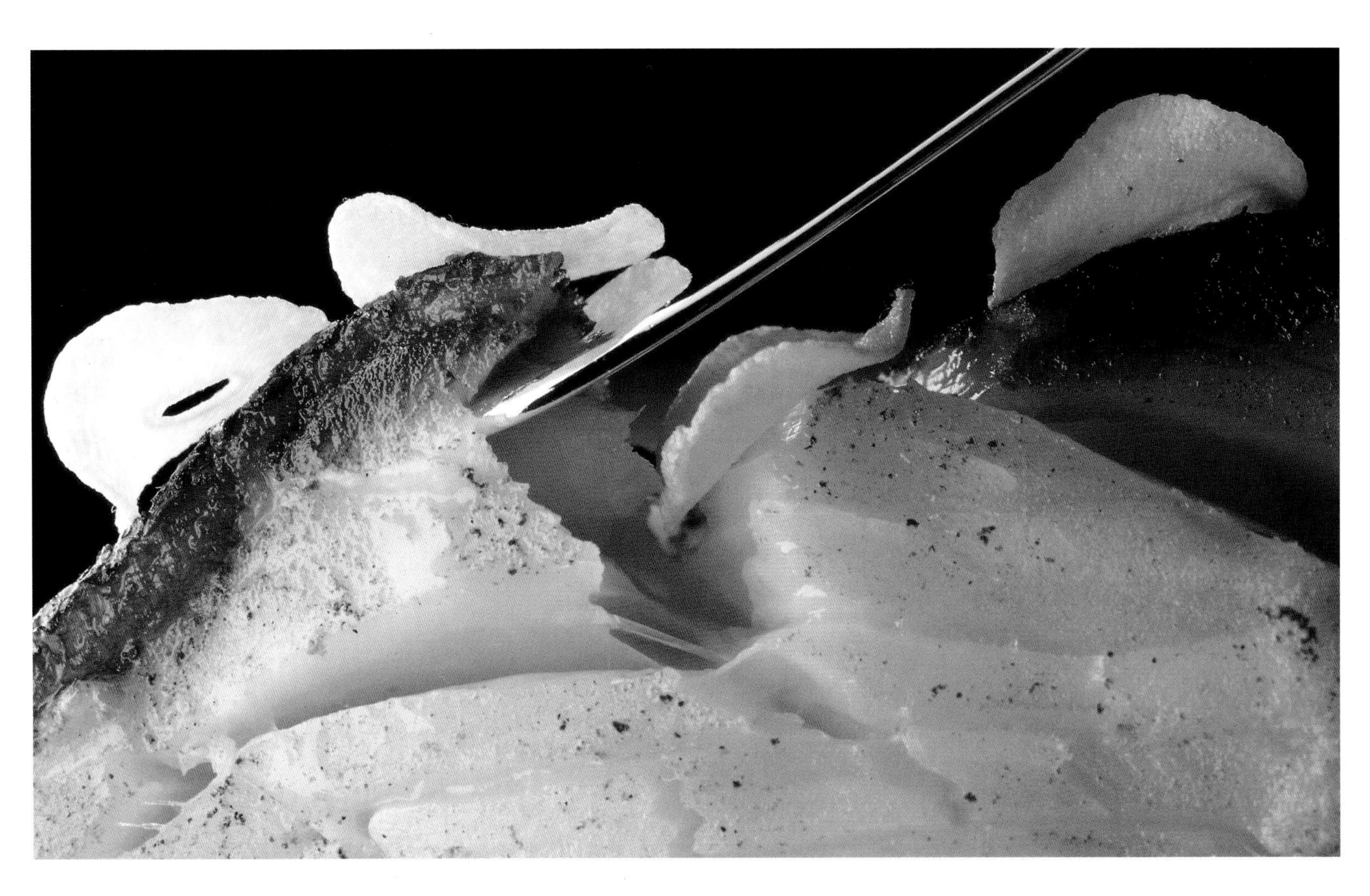

« Morue de Bilbao aux cocos frais, pétales d'ail et persil frit. » (Recette page 168).
Inutile de faire pocher la morue de Bilbao dessalée avant de la poêler : dorée à l'huile d'olive, sa peau devient croustillante et sa chair, qui se détache en épaisses feuilles nacrées, fondante. Contrepoints délicieux à tant de suavité : les croquants pétales d'ail et le persil frit.

« Tourtelettes de pommes de terre à la morue ». (Recette page 170). Édouard Nignon écrivait encore à propos des hors-d'œuvre : « ces bagatelles, ces petits riens, ces adorables bibelots doivent donner envie de goûter d'autres mets... » Celui-ci est une minuscule tourte composée de pâte à l'huile d'olive garnie d'une fine purée de pommes de terre additionnée de parmesan, de feuilles de morue pochée, de persil plat ciselé et d'un petit couvercle de pommes Maxim's.

Mettez les cocos dans une cocotte de 4 litres ; couvrez-les de bouillon (ou à défaut, d'eau froide) ; ajoutez la moitié de l'huile d'olive, les feuilles de sauge, le gros sel et 6 brindilles de romarin. Posez la cocotte sur un feu doux. Laissez cuire les cocos 50 minutes à 1 heure : ils doivent être bien cuits.

Étalez la pâte à ravioles le plus finement possible. Dans un bol, mélangez les deux fromages et glissez-les dans une poche munie d'une douille lisse de 1 cm. Humidifiez la pâte en la badigeonnant très légèrement d'eau, à l'aide d'un pinceau. À 2 cm de l'un des deux plus grands bords, déposez sur la pâte des petites boules de fromage, à peine plus grosses qu'un petit pois. Repliez la pâte sur sa farce et, à l'aide d'un emporte-pièce lisse de 2 cm de diamètre, découpez des ravioles en demi-lune. Procédez ainsi jusqu'à épuisement des ingrédients. Plongez les ravioles dans de l'eau bouillante salée, retirez-les après 20 secondes à l'aide d'une écumoire et plongez-les dans de l'eau glacée. Égouttez-les, enduisez-les d'huile d'olive et réservez-les sur un plateau couvert d'un film, au réfrigérateur.

Lorsque les cocos sont cuits, réduisez-les en purée dans un moulin à légumes muni de la grille fine. Ajoutez cette purée au bouillon de cuisson (débarrassé de la sauge et du romarin), le beurre et la crème fouettée. Réchauffez-le si nécessaire ; ajoutez du poivre et le vinaigre de Xérès. Fouettez vivement.

Hachez finement les brindilles de romarin restantes. Disposez dans des assiettes creuses les ravioles froides, parsemez-les de romarin haché et de ciboulette ciselée ; versez le bouillon dans une soupière et portez le tout à table. Au moment de servir, versez le bouillon sur les ravioles, nappez le tout d'huile d'olive restante... et dégustez bien chaud.

Le bouillon de cocos peut aussi être servi glacé, sur les ravioles tièdes passées au beurre.

POULPE DE ROCHE AU COURT-BOUILLON CITRONNÉ

Photo page 129

POUR 4 PERSONNES

1 poulpe de roche de 800 g • 1/2 citron • 1/2 feuille de laurier • 1 brin de thym • 2 c. à s. d'huile d'olive • 1 c. à s. de gros sel de mer.

Versez 1 litre et demi d'eau dans une grande casserole ; ajoutez-y le demi-citron, la demi-feuille de laurier, le brin de thym, le gros sel de mer et l'huile d'olive ; portez à ébullition.

Plongez le poulpe – dont vous aurez ôté la tête – dans le court-bouillon en ébullition. Laissez-le cuire 30 minutes : vérifiez la cuisson à l'aide d'un couteau qui doit transpercer facilement les tentacules, et laissez-le refroidir dans le court-bouillon.

Avant de l'utiliser, retirez les petits cartilages ronds qui se trouvent dans les ventouses ou pelez-le entièrement et coupez-le en lamelles

obliques, plus ou moins fines, selon l'usage que vous voulez en faire. Pour les conserver, mettez les lamelles de poulpe dans un bol et couvrez-les d'huile d'olive... Les poulpes de cette taille, cuits ainsi, seront très tendres... Les plus petits poulpes cuiront moins longtemps : vous pourrez les servir entiers.
Si vous avez des poulpes plus gros qui risquent d'être coriaces, même après une longue cuisson, il faudra les attendrir avant de les faire cuire, soit en les frappant longuement sur le plan de travail soit – plus simplement – en les congelant quelques heures ou quelques jours...

SALADE TIÈDE DE FRUITS DE MER AUX COCOS DU VAL DE NERVIA

POUR 4 PERSONNES

200 g de supions nettoyés • 8 queues de langoustines décortiquées • 1 poulpe de roche de 800 g • 300 g de palourdes • 100 g de cocos frais écossés • 1 c. à s. de persil plat ciselé • 1 citron • 3 c. à s. de vin blanc • 1 bouquet garni • 1 brin de thym • 1/2 feuille de laurier • 1 dl d'huile d'olive • 80 g de beurre • Gros sel de mer • Poivre.

POUR LA SALADE

200 g de salades mélangées – feuilles de chêne, roquette, mesclun, frisée, etc. – nettoyées et lavées • 4 c. à s. d'huile d'olive • 2 c. à c. de vinaigre de Xérès • 1 c. à s. de jus de citron • Sel • Poivre.

Portez 1 litre d'eau à ébullition, dans une grande casserole ; ajoutez 1 cuillère à soupe de gros sel, 1/2 citron, le brin de thym et la feuille de laurier. Plongez le poulpe (lavé et nettoyé) dans l'eau bouillante. Laissez-le cuire à petite ébullition 30 minutes. Laissez-le refroidir dans le bouillon de cuisson puis égouttez-le, coupez-le en fines rondelles obliques, réservez-en 150 g pour la salade et mettez le reste dans un bol... Couvrez d'huile d'olive : vous conserverez le poulpe plusieurs jours au réfrigérateur.
Mettez les palourdes dans un saladier, parsemez-les de 1 cuillère à soupe de gros sel, couvrez-les largement d'eau froide et laissez-les dégorger 30 minutes, le temps qu'elles se débarrassent du sable qu'elles pourraient contenir.
Mettez les cocos dans une casserole avec le bouquet garni ; couvrez-les largement d'eau froide et posez la casserole sur un feu doux ; laissez cuire les cocos à petite ébullition, 30 à 40 minutes, jusqu'à ce qu'ils soient tendres et avant qu'ils ne se délitent. Salez-les à mi-cuisson pour éviter qu'ils ne durcissent.
Versez 4 cuillères à soupe d'huile dans une sauteuse de 26 cm posée sur un feu vif ; jetez-y les supions ; faites-les sauter 1 minute en les tournant sans cesse avec une spatule, puis ajoutez les palourdes égouttées et le vin blanc. Couvrez la sauteuse. Laissez cuire 3 à 4 minutes, le temps que les palourdes s'ouvrent. Lorsque les palourdes sont ouvertes, versez le contenu

Ci-contre : « Sardine farcie Riviera. » (Recette page 172). Cette petite sardine à la robe d'argent dorée au four, recèle dans sa farce les couleurs, les saveurs et les parfums de la cuisine des Rivieras — niçoise et ligure, paysanne et marine, goûteuse et raffinée — dont elle mérite d'être l'emblème.

Pages 154-155 : « La baie de Nice, la nuit, vue de la Turbie. »

Page 156 : « Soleil levant sur le musée océanographique de Monaco. »

de la sauteuse dans une passoire placée au-dessus d'une terrine pour récupérer le jus ; décoquillez les palourdes, sauf 8 pour décorer les assiettes.

Dans un saladier, émulsionnez les éléments de la vinaigrette puis ajoutez les salades ; mélangez. Versez le jus des fruits de mer dans la sauteuse ; ajoutez le beurre et l'huile d'olive restant, le jus du demi-citron, le persil et les cocos égouttés ; faites bouillir 1 minute, ajoutez le poulpe réservé.

Dans une poêle antiadhésive de 20 cm, faites très rapidement dorer les queues de langoustines, sur feu vif, avec 1 goutte d'huile d'olive.

Répartissez la salade dans des assiettes creuses, en couronne ; au centre, dressez le sauté de fruits de mer aux cocos ; nappez du jus de cuisson ; posez les langoustines sur la salade... et servez aussitôt.

TURBOT EN COCOTTE AUX LÉGUMES DE PRINTEMPS

POUR 6 PERSONNES

1 turbot de 2,5 kg coupé en 6 tronçons de 300 g • 6 petits artichauts violets • 12 pointes de grosses asperges violettes • 300 g de petits pois • 300 g de févettes • 300 g de têtes de cèpes • 150 g de courgettes-fleurs • 2 tomates de 150 g chacune • 200 g d'olives de Nice • 12 feuilles de basilic • 2 dl d'huile d'olive • 100 g de beurre • Gros sel gris de Guérande • Poivre du moulin • 1/2 citron de Menton.

Retirez les feuilles dures des artichauts ; coupez les plus tendres à 2 cm du cœur ; parez les cœurs en laissant 2 cm de tige ; frottez-les de citron. Détachez les fleurs des courgettes ; ôtez le pistil ; coupez les fleurs en fines lamelles ; rincez les courgettes ; à l'aide d'un couteau économe détachez sur chacune d'elles, de haut en bas, des lanières de peau ; coupez-les en deux dans le sens de la largeur. Écossez les févettes et les petits pois. Pelez les tomates et coupez-les en dés en éliminant les graines.

LÉGUMES, POISSONS, HERBES, FRUITS : LES PRODUITS D'ICI ONT UN CARACTÈRE TRÈS MARQUÉ. UNE SAVEUR TOUT À LA FOIS TELLURIQUE, SOLAIRE, MARINE, LIÉE AU TERROIR.

Coupez les olives en copeaux en éliminant le noyau. Coupez les têtes de cèpes en lamelles de 1/2 cm de large. Coupez les feuilles de basilic en lanières de 3 mm (chiffonnade). Allumez le four, th. 8 (250°).

Vingt-cinq minutes avant de servir ce plat, répartissez les tronçons de turbot dans une grande cocotte pouvant juste les contenir ; nappez-les de 4 cuillères à soupe d'huile d'olive, ajoutez 5 cuillères à soupe d'eau et le beurre en noisettes. Mettez artichauts et pointes

d'asperges dans la cocotte. Poudrez de gros sel gris. Couvrez la cocotte ; mettez-la au four. Dix minutes plus tard, ajoutez dans la cocotte les petits pois écossés ; 5 minutes plus tard les lamelles de cèpes et les peaux de courgettes ; 5 minutes plus tard, les tomates, les copeaux d'olive, la julienne de fleurs de courgette, le basilic en chiffonnade et les févettes. Laissez cuire 5 minutes, toujours à couvert.
Lorsque le turbot est cuit, retirez-en la peau et remettez-le dans la cocotte sur les légumes. Nappez d'huile d'olive restante avant de servir ce plat tel quel dans la cocotte.

PAPILLONS À L'ENCRE AUX FRUITS DE MER

Photo page 136

POUR 4 PERSONNES

POUR LA PÂTE

200 g de farine de blé blanche • 2 œufs • 1 c. à c. d'huile d'olive • 2 c. à s. d'encre de seiche • 1 pincée de sel.

POUR LA GARNITURE

150 g de supions nettoyés • 4 queues de langoustines décortiquées • 1 queue de homard décortiquée • 150 g de poulpe cuit • 36 palourdes • 60 g de tomate coupée en dés sans peau ni graines • 1 échalote hachée menu • 1 dl de vin blanc sec • 1 dl de fond blanc (page 17) • 1 c. à s. de persil plat ciselé • 1 c. à s. de jus de citron • 2 c. à s. d'huile d'olive • 60 g de beurre • 1 c. à s. de farine • Sel • Poivre.

Couvrez les palourdes d'eau froide et laissez-les tremper (2 à 6 h). Préparez ensuite la pâte noire : mettez tous les ingrédients dans le bol d'un robot. Faites tourner l'appareil en ajoutant 2 cuillères à soupe d'eau, ou un peu plus, jusqu'à obtention d'une pâte homogène et lisse se roulant facilement en boule. Enveloppez la pâte d'un film adhésif et laissez-la reposer au frais 1 heure (au minimum).
Au bout de ce laps de temps, étalez la pâte au laminoir, très finement. À l'aide d'un emporte-pièce rond, cannelé, de 6 cm de diamètre, découpez des cercles dans la pâte puis pincez-en le centre entre le pouce et l'index pour obtenir des nœuds papillon. Réservez-les au frais sur un plateau fariné.
Coupez le poulpe en fines lamelles obliques ; coupez la queue de homard en rondelles de 1/2 cm d'épaisseur ; farinez très légèrement les queues de langoustines ; rincez et égouttez les palourdes.
Faites chauffer 1 cuillère à soupe d'huile d'olive dans une sauteuse de 24 cm ; faites-y cuire les rouelles de homard à feu vif, 1 minute environ – elles doivent être juste saisies et ne doivent pas se dessécher – puis faites cuire, 30 secondes environ, les queues de langoustines ; réservez homard et langoustines sur une assiette.
Ajoutez 1 cuillère à soupe d'huile dans la sauteuse ; jetez-y les supions ; faites-les cuire 2 minutes à feu vif puis ajoutez les palourdes, le vin blanc et le fond blanc. Couvrez la sauteuse. Lorsque les palourdes sont ouvertes, versez le contenu de la sauteuse dans une passoire placée

Page 158-159 :
« Feuilles de chocolat. »
(Recette page 178).

Ci-dessus : « Tartelette tiède au chocolat noir, aux noisettes du Piémont. »
(Recette page 180).
Les noisettes grillées craquent sous la dent tandis qu'une fondante mousse tiède de chocolat noir caresse les papilles et qu'une pâte finement sablée s'effrite sous le palais : dessert de rêve...

au-dessus d'une terrine pour récupérer le jus des fruits de mer. Laissez-le se décanter 2 minutes puis remettez-le dans la sauteuse et laissez-le réduire de moitié avec les lamelles de poulpe. Ajoutez beurre, tomate, persil, échalote; faites bouillir 30 secondes et remettez dans la sauteuse palourdes et supions. Salez si nécessaire; poivrez; ajoutez le jus de citron.
Faites cuire les pâtes al dente, à l'eau bouillante salée; égouttez-les; répartissez-les dans des assiettes creuses; couvrez-les des fruits de mer et de leur jus. Faites rapidement chauffer homard et langoustines dans une poêle sèche; répartissez-les dans les assiettes. Nappez d'huile d'olive restante... et servez aussitôt.

CHAPON DE MÉDITERRANÉE FARCI ET BRAISÉ AU FUMET DE BOUILLABAISSE

Photo pages 138-139

POUR 4 PERSONNES

1 chapon de 1,5kg.

POUR LA BOUILLABAISSE

500 g de petits poissons de roche vivants • 3 gros oignons émincés • 1/2 fenouil émincé • 1 tête d'ail coupée en deux horizontalement • 3 branches de fenouil sec • 2 tomates fraîches coupées en quatre • 1 c. à c. de concentré de tomate • 1 pincée de safran en poudre • 1 dl d'huile d'olive • Sel • Poivre.

POUR LIER LA BOUILLABAISSE

2 jaunes d'œufs • 5 cl de vin blanc.

POUR LA FARCE

1 gros calmar nettoyé et haché à la grille moyenne • 1/2 poivron rouge grillé coupé en dés • 1 tête de cèpe coupée en dés • 6 girolles coupées en dés • 4 copeaux de tomate confite (page 280) coupés en dés • 3 demi-gousses d'ail pelées • 1 gros oignon nouveau haché • 8 feuilles de blettes grossièrement ciselées (250 g) • 4 tranches de pain de mie parées coupées en cubes (150 g) • 2 jaunes d'œufs • 20 g de parmesan râpé • 1 pincée de piment fort • 1 dl d'huile d'olive • 50 g de beurre noisette • 20 g de beurre clarifié • Sel • Poivre.

Préparez d'abord la bouillabaisse : faites chauffer l'huile d'olive dans une grande cocotte en fonte de 30 cm de diamètre; faites-y à peine blondir les oignons, l'ail et le fenouil puis ajoutez le concentré de tomate et les tomates fraîches. Mélangez 3 minutes à feu vif, en tournant avec une spatule puis ajoutez les poissons de roche ; mélangez 1 minute, puis mouillez d'eau froide à hauteur; ajoutez les branches de fenouil sec.
Laissez bouillir vivement 30 minutes puis passez le tout au mixeur à grande vitesse et ensuite au chinois fin, en pressant bien avec une spatule souple pour faire passer dans la soupe le maximum de chair. Salez, poivrez, ajoutez le safran.
Versez 1 dl de soupe dans une petite casserole et laissez-la réduire, sur feu vif, à 2 cuillères à soupe, puis laissez-la refroidir.

Page 163 : « Hérisson de chocolat aux amandes croustillantes. » (Recette page 180). Nappé d'un glaçage à la crème et au chocolat noir, fourré de chocolat praliné, piqué d'amandes caramélisées rôties, accompagné d'une sauce au cacao, ce hérisson est une célébration du chocolat, un dessert pour les enfants que sont restés les gourmands de tous âges.

Ci-contre : « Le Louis XV au croustillant de pralin ». (Recette page 186). Une ode gourmande au chocolat sous un élégant habillage.

Préparez le chapon: écaillez-le, ébarbez-le; pratiquez le long du dos deux entailles parallèles, de la tête à la queue, le long de l'arête centrale. Retirez l'arête centrale, et les petites arêtes, videz le poisson; posez-le dans un plat ovale. Salez-le. Poivrez-le.
Préparez la farce du chapon: faites dorer les petits croûtons dans le beurre clarifié; égouttez-les. Dans une poêle antiadhésive de 24 cm, faites juste faner les feuilles de blettes avec une demi-gousse d'ail dans le beurre noisette; retirez la gousse d'ail et jetez-la; égouttez les feuilles de blettes à fond. Faites cuire vivement séparément et rapidement, dans l'huile d'olive et dans la même poêle : le hachis de calmar avec 1/2 gousse d'ail, les oignons; les champignons avec une demi-gousse d'ail; jetez les demi-gousses d'ail.
Laissez refroidir tous ces ingrédients puis mettez-les dans un saladier; ajoutez-y les dés de tomates confite, les dés de poivron grillé, le piment, le parmesan, la soupe réduite et les jaunes d'œufs; salez; poivrez; mélangez. Remplissez le chapon de cette farce; maintenez la farce en ficelant le chapon comme un rôti.
Allumez le four th. 8 (250°). Versez assez de soupe de poisson autour du chapon pour l'immerger à demi. Glissez le plat au four bien chaud.
Laissez cuire le chapon 30 minutes, en l'arrosant très souvent. Lorsqu'il est cuit, laissez-le reposer 5 minutes puis dressez-le dans un plat de service ovale et réservez-le au chaud, dans le four éteint, couvert d'une feuille d'aluminium.
Pendant ce temps, préparez la liaison du fumet de bouillabaisse: mettez les jaunes d'œufs dans une petite casserole; fouettez-les très vivement avec le vin et 2 cuillères à soupe d'eau sur un feu doux pour obtenir un sabayon.

LE CUISINIER POUSSE À BOUT LA LOGIQUE COMESTIBLE DES CHOSES; CELLES-CI, EN RETOUR, LE POUSSENT AU BOUT DE LUI-MÊME, DE SON SAVOIR, DE SON DÉSIR, DE SON IMAGINAIRE.

Faites réchauffer ensemble la soupe de poisson restante et la soupe dans laquelle a cuit le chapon; hors du feu, incorporez-y en fouettant, le sabayon. Salez. Poivrez. Filtrez cette sauce au chinois étamine et versez-le dans une saucière.
Retirez les ficelles du chapon... et portez-le à table, accompagné de sa sauce.

POMMES EN ROBE, AU BOUILLON D'AROMATES

Photo page 145

POUR 6 PERSONNES

1,5 kg de pommes de terre nouvelles de 120 à 160 g chacune • 2 têtes d'ail • 4 échalotes • 3 feuilles de laurier

« Pyramide glacée au chocolat et au nougat de noix, sauce café fort. » (*Recette page 189*). *Brillantes comme des miroirs, des parois de chocolat noir s'écartent pour découvrir, poudrée de cacao et ornée de flocons de chantilly, une pyramide fourrée de glace au chocolat et de glace aux noix caramélisées ; une sauce au café fort l'accompagne. Délicieux mariage de textures et de parfums.*

• 2 brins de thym • 6 tiges de persil • 8 brins de cerfeuil • 1 c. à s. de poivre en grains • 3 c. à s. de gros sel de mer.

Brossez les pommes de terre en les rinçant sous l'eau courante ; mettez-les dans une cocotte et couvrez-les largement d'eau froide ; ajoutez dans la cocotte : les têtes d'ail coupées en deux horizontalement, les échalotes coupées en deux verticalement, thym, laurier, persil, cerfeuil, sel et poivre.

Posez la cocotte sur un feu moyen. Laissez cuire les pommes de terre à découvert, à petite ébullition, jusqu'à ce que la lame d'un couteau les transperce facilement. Si vous ne devez pas les utiliser aussitôt, laissez-les refroidir dans le bouillon d'aromates qui renforcera le discret parfum dont elles se seront imprégnées pendant la cuisson.

Si vous devez les servir en salade, pelez-les encore chaudes avant de les couper en rondelles. Si vous devez les faire griller sur des braises ou dans une poêle, ne les pelez pas, coupez-les en épaisses rondelles et badigeonnez-les d'huile d'olive avant de les poser sur le gril ou dans le fond de la poêle non huilé. Une fois grillées, vous pouvez les ranger dans un plat, poser un flocon de beurre au centre de chacune d'elles et les réchauffer ou les laisser en attente dans un four doux avant de les servir.

N'oubliez pas de les poudrer de quelques grains de gros sel ou de fleur de sel avant de les servir. Vous pouvez préparer de la même manière des pommes de terre à chair farineuse pour en faire une purée.

PURÉE DE POMMES DE TERRE À LA FOURCHETTE, À L'HUILE D'OLIVE ET AU PERSIL

Photo page 147

POUR 4 PERSONNES

1 kg de pommes de terre à chair farineuse • 30 g de beurre très mou • 3 c. à s. d'huile d'olive • 1 c. à s. de persil plat ciselé • Sel de mer gros et fin.

Pelez les pommes de terre ; mettez-les dans une casserole ; poudrez-les d'une cuillère à soupe de gros sel et couvrez-les largement d'eau. Posez la casserole sur un feu moyen. Laissez cuire les pommes de terre à petite ébullition, jusqu'à ce que la lame d'un couteau les trans-

QUE DE PASSION, DE RIGUEUR, DE VIOLENCE, D'AMOUR, POUR ABOUTIR À UNE FÊTE DU GOÛT.

perce facilement. Égouttez-les dans une passoire ; mettez-les dans un plat creux (tenu au chaud). Écrasez-les à la fourchette avec le beurre ; nappez-les d'huile d'olive et poudrez-les de sel fin ; mélangez rapidement et délicatement pour ne pas former une pâte.

Parsemez cette purée de persil… et servez-la aussitôt.

Cette goûteuse purée est un accompagnement quasi universel qui convient aussi bien aux viandes rôties – bœuf et volailles – qu'aux poissons poêlés – turbot, colinot, merlu, etc.

MORUE DE BILBAO AUX COCOS FRAIS, PÉTALES D'AIL ET PERSIL FRIT

Photo page 149

POUR 4 PERSONNES

4 pavés de morue de Bilbao désarêtés, dessalés, bien épais, avec leur peau : 180 g chacun • 400 g de cocos frais écossés • 2 piments d'Espelette rouges, doux • 28 pétales d'ail (p. 170) • 1 pincée de piment de cayenne en poudre • 2 c. à s. de persil plat ciselé • 4 c. à s. de feuilles de persil plat lavées et épongées • 1 c. à c. de vinaigre de Xérès • 1/2 c. à c. de vinaigre balsamique vieux • 1 dl d'huile d'olive • 50 g de beurre • 1/2 l d'huile d'arachide • Sel • Poivre.

Faites cuire les cocos à l'eau ou avec une garniture aromatique (voir « Cocos frais du Val de Nervia aux aromates » p. 148).

Faites chauffer 2 cuillères à soupe d'huile d'olive dans une sauteuse de 20 cm ; faites-y « rôtir » à feu doux, sur toutes leurs faces, les piments d'Espelette ; laissez-les tiédir, pelez-les ; coupes-les en fines lanières en les débarrassant des graines. Réservez-les.

Faites chauffer l'huile d'arachide dans une casserole ; lorsqu'elle frémit, plongez-y les feuilles de persil ; laissez-les frire 2 secondes, retirez-les de l'huile à l'aide d'une écumoire et réservez-les sur du papier absorbant.

Épongez les pavés de morue. Faites chauffer la moitié de l'huile restante dans une poêle de 24 cm ; faites-y dorer les morceaux de morue, côté peau, 10 minutes à feu doux : la peau doit être très croustillante. Pour une meilleure cuisson, couvrez la poêle d'un couvercle perforé (« couvercle anti-buée ») pendant les cinq dernières minutes. Retournez ensuite les morceaux de morue côté chair et laissez-les cuire 2 minutes, sans couvercle : ils ne doivent pas dorer.

Retirez les pavés de morue de la poêle et réservez-les au chaud, sur une grille en les couvrant d'une feuille d'aluminium.

Égouttez les cocos de leur cuisson ; réservez 4 cuillères à soupe de bouillon et incorporez-y le beurre et l'huile restants, en fouettant vivement ; nappez les cocos de ce jus ; ajoutez-y le piment en poudre, les lanières de piment d'Espelette, le persil concassé, le vinaigre de Xérès et le vinaigre balsamique. Salez. Poivrez. Mélangez.

Répartissez les cocos dans des assiettes creuses ; dressez les pavés de morue côté peau vers le haut, sur les cocos ; parsemez-les de persil frit et de pétales d'ail et... servez aussitôt.

Cette recette peut être réalisée avec des pavés de merlu de ligne de 160 g chacun, désarêtés, mais avec leur peau écaillée... Les piments d'Espelette peuvent être remplacés par des « piquillos » espagnols ou par un poivron rouge « carré » de 200 g que vous ferez griller entier sur des braises ou au gril du four et que vous laisserez reposer dans un récipient couvert avant de les peler.

« La pointe du Cap Martin au lever du soleil. »
Au fond, Bordighera, sur la Riviera du Ponant.

PÉTALES D'AIL

POUR 4 PERSONNES

1 tête d'ail de Provence, à grosses gousses • 1 litre d'huile d'arachide.

Sans la peler, et après en avoir coupé les racines, tranchez la tête d'ail horizontalement, en la tenant par la tige, en très fines rondelles de 1,5 mm. Utilisez une mandoline, une râpe à chips, ou une trancheuse à jambon. Parmi les lamelles de toutes tailles que vous obtenez, choisissez les plus grandes; détachez-en la peau et le germe; épongez-les. Faites chauffer l'huile dans une bassine à friture: lorsqu'elle frémit, jetez-y les lamelles d'ail (pas plus de douze à la fois). Laissez-les cuire quelques secondes, jusqu'à ce qu'elles soient blondes... Retirez-les de l'huile à l'aide d'une écumoire, et égouttez-les sur du papier absorbant.

LA CUISINE EST LA CONVERGENCE, LE LIEU DE RENCONTRE ET DE BATAILLE DES QUATRE ÉLÉMENTS QUI S'Y RUDOIENT AVANT DE S'Y ALLIER.

Si vous ne les utilisez pas tout de suite, pour en parsemer salades d'herbes et de feuilles, mesclun, ou poissons poêlés, réservez les pétales d'ail dans une boîte hermétique, où vous les conservez plusieurs heures.

TOURTELETTES DE POMMES DE TERRE À LA MORUE

Photo page 150

POUR 12 PETITES TOURTES

POUR LA PÂTE

250 g de farine de blé blanche • 45 g d'huile d'olive • 80 g d'eau • 1 pincée de sel.

POUR LA GARNITURE

500 g de pommes de terre à chair farineuse • 200 g de morue dessalée • 80 g de beurre mou • 100 g de parmesan râpé • 1 dl de lait • 1 dl de crème liquide • 1 dl d'huile d'olive • 1 c. à s. de persil plat ciselé • 4 pincées de noix muscade râpée • 10 g de sel • Poivre blanc.

POUR LES POMMES MAXIM'S

6 pommes de terre moyennes à chair farineuse • 60 g de beurre clarifié • Sel.

Préparez la pâte : mélangez tous les ingrédients dans le bol d'un robot ; lorsque la pâte est lisse et homogène, se roulant facilement en boule, entourez-la de film et laissez-la reposer au frais, 1 heure au moins.

Rincez les pommes de terre; mettez-les dans une casserole; couvrez-les d'eau froide et faites-les cuire jusqu'à ce que la pointe d'un couteau les transperce facilement; pelez-les; écrasez-les en purée ; ajoutez le beurre, le parmesan, le lait, la crème, la moitié de l'huile d'olive, noix muscade, sel, poivre. Mélangez au fur et à mesure.

*« Krug Rosé ».
À la carte du Louis XV figurent la collection Pétrus de 1945 à ce jour, la collection Yquem de 1936 à ce jour, la collection Krug de 1959 à ce jour, tous les grands champagnes de France, et parmi eux, le rosé de Krug qui, en 1984, relança sur le marché un champagne dont la couleur diaphane, chatoyante, soyeuse, en fait un vin joyeux, charmeur, convivial. Aussi est-il proposé au verre, en apéritif.
« Le champagne ouvre l'esprit, le cœur, l'estomac, déclare Jean-Pierre Rous. C'est pourquoi il faut le boire avant le repas – et attendre que les papilles se reprennent avant de manger – mais pas après, car il perturbe la digestion. On peut cependant faire tout un repas au champagne, en commençant par un vin très peu dosé et en finissant par une vieille cuvée. Après le fromage, le mieux est de se refaire la bouche à l'eau, de continuer à l'eau avec le premier dessert, et avec le suivant, prendre un vin de dessert : du Maury au Banyuls en passant par les muscats d'ici et d'ailleurs, il y en a une panoplie. »*

Mettez la morue sur feu doux, dans une casserole ; couvrez-la d'eau froide ; lorsque l'eau frémit, laissez la morue pocher 4 minutes puis égouttez-la, effeuillez-la, arrosez-la d'huile d'olive restante ; poudrez-la de persil ; mélangez et réservez.
Allumez le four, th. 5 (175°).
Préparez les pommes maxim's : coupez très finement les pommes de terre dans un robot, sur une râpe à chips ou à la mandoline ; rincez-les ; épongez-les ; découpez dans les tranches, à l'aide d'un emporte-pièce rond de 2,5 cm, autant de petites rondelles qu'il faudra pour couvrir le fond, badigeonné de beurre clarifié, de 12 moules à tartelettes antiadhésifs de 7 cm ; disposez les rondelles en rosace, en les faisant se chevaucher ; badigeonnez-les de beurre clarifié restant et glissez-les au four pour 12 à 15 minutes, jusqu'à ce que les pommes Maxim's, qui serviront de couvercle aux petites tourtes, soient blondes.
Pendant ce temps, abaissez la pâte au rouleau le plus finement possible et couvrez-en 12 moules à tartelette de 7 cm ; passez le rouleau sur la pâte, afin de la couper au niveau des bords des moules ; remplissez les tartelettes d'appareil aux pommes de terre. Lorsque les petits couvercles sont cuits, glissez les tartelettes au four : laissez-les cuire 10 minutes. Garnissez chacune d'elles (après les avoir démoulées) de 3 feuillets de morue ; couvrez-les de pommes Maxim's... et servez aussitôt, à l'apéritif, ou comme petite entrée.

SARDINES FARCIES RIVIERA

Photo page 153

POUR 4 PERSONNES

400 g de sardines (16 sardines de 25 g chacune) • 200 g de pain de mie • 100 g de vert de blettes • 1/4 l de crème liquide • 1 œuf • 70 g de parmesan râpé • 4 copeaux de tomate confite (p. 280) • 3 gousses d'ail • 1 grosse tomate mûre mais ferme • 1 c. à c. de persil plat ciselé • 1 c. à c. de cerfeuil ciselé • 1 c. à c. de basilic ciselé • 3 c. à s. d'huile d'olive • Sel • Poivre.

Écaillez les sardines ; videz-les par les ouïes ; rincez-les ; épongez-les. Posez-les sur une planche, sur le dos ; ouvrez-les, tout du long, de la tête à la queue, en suivant l'arête ventrale ; retirez celle-ci. Une fois les sardines ouvertes à plat, cassez l'arête centrale au niveau de la tête et de la queue puis retirez-la.
Salez et poivrez l'intérieur des sardines ouvertes à plat et réservez-les sur deux assiettes.
Préparez la farce : versez la crème dans un saladier ; parez le pain de mie ; émiettez la mie et ajoutez-la dans le saladier ; laissez-la s'imbiber de crème. Lorsque la mie de pain a absorbé toute la crème, écrasez-la à la fourchette et tournez-la vivement pour former une pâte. Pelez une gousse d'ail, passez-la au presse-ail au-dessus du saladier ; mélangez. Lavez le vert de blettes, essorez-le, hachez-le finement et ajoutez-le dans le saladier avec les herbes ciselées ; mélangez ; ajoutez l'œuf, le parmesan, les copeaux de tomate coupée en petits carrés et

« Meringue italienne. »
(Recette page. 200).
La pâtisserie ouvre les portes d'un univers de rêve où la magie du sucre peut transformer en fabuleuse gourmandise des blancs d'œufs fouettés sous un brûlant filet de sucre cuit au petit boulé. Cette neige aérienne, brillante, légère et souple est une base idéale pour mousses et soufflés chauds ou froids, un spectaculaire décor pour gâteaux de fête et aussi une friandise très fugitive au palais.

« Citrons de Menton. » À Menton, frontière des deux Rivieras, le citronnier « Quatre saisons » fleurit toute l'année, portant en même temps des boutons roses, des fleurs blanches à cinq pétales, des petits fruits verts et des fruits mûrs – jaune citron – dont l'écorce renferme une essence au parfum inimitable. Tout est bon dans le citron de Menton : le zeste et ses arômes irrésistibles, la partie blanche de l'écorce qui confère aux plats de poissons cette saveur amère familière à la Riviera, la pulpe fraîche et vivifiante. Le fruit coupé en éventails, est délicieux cru, en salade, nappé d'huile d'olive et poudré de gros sel, comme en Italie du Sud. Menton, la ville la plus chaude de l'« Empire du Soleil » si propice aux agrumes, célèbre chaque année « la fête du citron » : pendant deux semaines autour de mardi gras, ce sont les citrons qui remplacent les fleurs et ornent les corsos.

la moitié de l'huile d'olive; salez; poivrez; mélangez. Allumez le four th. 6 (200°).
Huilez un plat à four ovale de 30 cm; au centre de chaque sardine, déposez une grosse noix de farce et repliez le poisson sur sa farce en faisant glisser la queue de la sardine dans la tête, entre les ouïes. Rangez les sardines farcies dans le plat; lavez la tomate, coupez-la en très fines rondelles, retirez-en les graines et coupez chaque rondelle en quatre. Pelez les gousses d'ail; émincez-les très finement. Parsemez les sardines de pétales d'ail et de tomate émincée; nappez-les d'huile restante et glissez-les au four pour 8 minutes.
Servez les sardines farcies chaudes ou tièdes, accompagnées de mesclun assaisonné d'une vinaigrette à l'anchois (dans une vinaigrette à l'huile d'olive et au vinaigre de Xérès, ajoutez deux filets d'anchois salés finement émincés...).

SUPIONS DE MÉDITERRANÉE AUX OLIVES DE NICE, À LA TOMATE ET AU BASILIC

POUR 4 PERSONNES

1,2 kg de supions • 80 g d'olives de Nice • 200 g de petits cubes de tomate fraîche, sans peau ni graines • 2 échalotes hachées menu • 2 c. à s. de basilic ciselé • 1 1/2 c. à s. de jus de citron • 1 dl de vin blanc • 1 dl de fond blanc (p. 17) • 1 dl d'huile d'olive • 25 g de beurre • Sel • Poivre.

Nettoyez les supions, lavez-les, épongez-les dans un torchon. Coupez les olives en trois copeaux en éliminant le noyau. Faites chauffer 2 cuillères à soupe d'huile dans une sauteuse de 28 cm; jetez-y les supions; salez; poivrez. Faites saisir les supions à feu vif, en les tournant sans cesse avec une spatule, jusqu'à ce qu'ils ne rendent plus d'eau, 2 à 3 minutes environ.

POUR FAIRE UNE BONNE CUISINE, IL ME FAUT DE BEAUX PRODUITS. JE NE PEUX PAS CRÉER CES ÉLÉMENTS NATURELS QUI JOUENT UN RÔLE PRIMORDIAL DANS LA RÉUSSITE DE MES PLATS. JE NE PEUX QUE LES EXALTER.

Ajoutez le vin blanc; laissez-le s'évaporer avant de verser le fond blanc. Faites cuire 2 minutes; versez les supions et leur jus dans une passoire placée au-dessus d'une terrine; versez le jus des supions dans la sauteuse; laissez-le réduire de moitié, jusqu'à ce qu'il devienne onctueux, puis ajoutez-y 2 cuillères à soupe d'huile d'olive et le beurre; faites bouillir le jus à feu vif pour créer une émulsion; ajoutez ensuite les tomates, les copeaux d'olive, les échalotes et les supions. Dès la reprise de l'ébullition, ajoutez le jus de citron et le basilic. Poivrez. Répartissez les supions dans des assiettes creuses chaudes; nappez-les d'huile d'olive restante... et servez aussitôt.

« Tartelettes au citron de Menton. » *(Recette page 200).* *Une pâte douce fourrée de crème vivement citronnée coiffée d'un flocon de meringue italienne dorée : cette exquise mignardise mesure 25 millimètres.*

« Citrons de Menton à la coque en chaud-froid, mouillettes glacées. » *(Recette page 203). Festival d'agrumes, acide et amer, croustillant et sucré, issu du terroir.*

FEUILLES DE CHOCOLAT

Photo page 158-159

POUR 100 FEUILLES, OU PLUS

500 g de chocolat de couverture, noir ou au lait.

Pour la préparation des décors, nappages ou enrobages en chocolat, il faut impérativement utiliser un chocolat de couverture – noir ou au lait – et le faire fondre lentement, sans y toucher, au bain-marie, jamais à feu nu...

JE PASSE BEAUCOUP DE TEMPS À RECHERCHER LES MEILLEURS PRODUITS. J'UTILISE TOUTES LES RESSOURCES DE LA RÉGION, MAIS JE FAIS MON MARCHÉ AUX QUATRE COINS DE FRANCE.

Le chocolat fond à 30 °, mais à cette température, il n'est pas stable et peut cristalliser («grainer») à tout instant, pendant qu'on l'utilise, sans qu'il soit possible de rattraper cette catastrophe !... Pour rendre le chocolat parfaitement stable et brillant, il faut le porter à une température de 45 à 50° maximum, puis le laisser redescendre à 27° pour la couverture noire, 26° pour la couverture au lait, et ensuite le faire remonter à 31-32° pour le chocolat noir et 28-29° pour le chocolat au lait – toujours sans y toucher.

Après cette opération, le chocolat peut être tourné, manipulé, voire refroidi et réchauffé sans aucun risque de cristallisation... vous pouvez l'étaler au pinceau sur des plaques de rhodoïd et une fois – presque – refroidi, y découper toutes sortes de formes à l'aide d'emporte-pièces divers ; le couler dans des petits moules souples pour en faire des palets, pastilles, fleurs, œufs, poissons et autres figurines ; le verser sur un marbre et en détacher des copeaux à l'aide d'une spatule, lame de couteau ou raclette...

Pour réaliser des feuilles en chocolat, enduisez de chocolat fondu stabilisé (à l'aide d'un pinceau) l'envers de feuilles – assez rigides pour supporter le poids du chocolat – feuilles de rosier, gardénia, camélia, ficus... – préalablement lavées et épongées ; lorsque le chocolat est froid, décollez les feuilles qui ont imprimé leurs nervures et donné leur forme aux feuilles de chocolat... que vous réserverez à l'abri de la chaleur et l'humidité, dans des boîtes en métal, à une température d'environ 20°, jusqu'au moment de les utiliser.

Au Louis XV, l'un des desserts vedettes est le « Buisson de chocolat » : sur une fine couche de dacquoise aux noisettes, on coule une mousse au caramel que l'on nappe d'un caramel liquide ; le tout est moulé dans un dôme chemisé de mousse au chocolat au lait. Une fois glacé et démoulé, le dôme est entièrement couvert de feuilles de chocolat noir et de feuilles de chocolat au lait piquées dans la mousse. Le « Buisson » est poudré de cacao avant d'être servi, accompagné d'une très moelleuse glace au caramel et d'un coulis de chocolat amer chaud.

TARTELETTES TIÈDES AU CHOCOLAT NOIR, AUX NOISETTES DU PIÉMONT

Photo page 161

POUR 10 TARTELETTES

POUR LA PÂTE

120 g de beurre mou • 120 g de sucre semoule • 250 g de farine de blé blanche • 1 œuf de 70 g • 1/2 c. à c. de sel de mer fin.

POUR LA GARNITURE

100 g de chocolat noir • 100 g de noisettes du Piémont grillées concassées grossièrement • 100 g de sucre semoule • 85 g de beurre mou • 2 œufs • 2 c. à s. de liqueur d'orange • 1/2 zeste d'orange râpé.

POUR LE GLAÇAGE

175 g de sucre semoule • 75 g de cacao en poudre • 75 g de crème épaisse • 1/8 l d'eau.

POUR DÉCORER

Copeaux de chocolat noir • Cacao non sucré.

Préparez la pâte sucrée : dans le bol d'un robot, mettez le beurre et le sucre ; mixez 30 secondes, ajoutez l'œuf, le sel, la farine ; faites tourner l'appareil jusqu'à ce que la pâte forme une boule ; enveloppez-la de film transparent et laissez-la reposer au frais 1 heure au moins. Au bout de ce laps de temps allumez le four, th. 4 (150°). Étalez finement la pâte au rouleau et garnissez-en des moules à tartelettes de 8 cm de diamètre. Faites cuire la pâte sans garniture (à blanc) jusqu'à ce que le fond soit légèrement doré.

Pendant ce temps, préparez la garniture : fouettez le beurre avec le sucre jusqu'à ce que le mélange blanchisse. Faites fondre le chocolat. Au mélange beurre-sucre, ajoutez la farine, le zeste et la liqueur d'orange, les œufs, le chocolat fondu et enfin les noisettes, sans cesser de tourner avec le fouet. Remplissez les fonds de tarte de cette préparation ; augmentez le thermostat à 5 (175°) et glissez les tartelettes au four. Faites-les cuire jusqu'à ce que le dessus croustille légèrement, mais l'intérieur doit rester fondant.

Préparez le glaçage : dans une petite casserole, mettez le sucre et le cacao ; ajoutez l'eau en fouettant ; portez à ébullition ; ajoutez la crème ; faites bouillir 10 secondes ; mélangez ; faites refroidir le glaçage.

Lorsque les tartelettes sont tièdes, couvrez-les de glaçage. Garnissez-les de copeaux de chocolat ; poudrez de cacao... et servez aussitôt.

HÉRISSON DE CHOCOLAT AUX AMANDES CROUSTILLANTES

Photo page 163

POUR 4 PERSONNES

POUR LA MOUSSE AU CHOCOLAT

60 g de chocolat noir • 30 g de cacao non sucré • 2 jaunes d'œufs • 1 blanc d'œuf • 50 g de crème liquide • 120 g de lait • 25 g de sucre semoule • 1 feuille de gélatine • 15 g de beurre.

Page 179 : « Rondelles d'oranges semi-confites. » (Recette page 207). Des tranches de soleil – à déguster telles quelles ou mêlées à des fraises ; à utiliser comme garniture des tartes et des tartelettes à l'orange, au citron ou au chocolat noir – baignent dans un sirop issu de leur pulpe et de leur écorce, nectar idéal pour napper des entremets et composer des boissons.

Ci-contre : « Tuiles à l'orange. » (Recette page 207). Légères, fragiles, cassantes, croquantes, parfumées : s'il y a une alchimie de la pâtisserie, il y a aussi une algèbre... Tout est question de proportions dans la réussite de ces fabuleuses friandises.

Ci-contre :
« Canetons mi-sauvages aux épices en dolce-forte. »
(Recette page 208).
Des épices, du vinaigre et du miel pour laquer des canetons mi-sauvages ; des légumes, des agrumes et des épices — encore — pour les accompagner : symphonie parfumée pour tendre gibier apprivoisé.

Page 184-185 :
« Monte-Carlo vu du Cap Martin. »
Au premier plan, Beausoleil ; au fond, à gauche, la silhouette du musée océanographique de Monaco.

POUR LE PRALINÉ-FEUILLETÉ

60 g de praliné • 30 g de pailleté feuilletine (crêpes dentelles brisées) • 15 g de chocolat au lait.

POUR LE GLAÇAGE CHOCOLAT

100 g de crème liquide • 30 g de crème épaisse • 100 g de chocolat noir • 70 g de sucre semoule • 30 g de cacao non sucré • 1 dl d'eau.

POUR LES AMANDES CROUSTILLANTES

200 g d'amandes effilées • 50 g de sirop de canne à sucre (à 30°).

POUR SERVIR

2 dl de sauce chocolat (p. 194) • 1 c. à s. de cacao non sucré.

Préparez d'abord la mousse au chocolat : faites tremper la feuille de gélatine dans de l'eau froide pour la ramollir ; concassez le chocolat ; fouettez la crème en chantilly.

Faites chauffer le lait dans une casserole moyenne ; ajoutez-y les jaunes d'œufs ; faites-les cuire comme une crème anglaise, sans faire bouillir et sans cesser de tourner ; ajoutez le chocolat, le beurre et le cacao en fouettant vivement ; incorporez la feuille de gélatine égouttée – elle fond aussitôt. Dans une petite casserole, mettez le sucre avec 1 cuillère à soupe d'eau ; laissez cuire le sucre sur un feu doux jusqu'à ce que des petites perles se forment en surface.

Dans un bol, fouetter le blanc en neige molle ; versez-y le sirop en mince filet et continuez de fouetter jusqu'à ce que la meringue soit lisse, brillante et ferme ; incorporez-la à l'appareil au chocolat contenu dans la casserole ; ajoutez-y ensuite la chantilly : la mousse est prête.

Préparez ensuite le praliné-feuilleté : faites fondre le chocolat sur feu doux, ajoutez-y le pailleté feuilletine mélangé au praliné. Mélangez délicatement.

À défaut de moules ayant la forme d'un hérisson, utilisez des moules à œufs de Pâques de 9 cm ; placez les demi-œufs sur des cercles ou des ronds de serviette, pour les faire tenir ; remplissez-les à demi de mousse au chocolat ; répartissez le praliné-feuilleté sur la mousse puis couvrez le tout de mousse restante ; lissez-la avec une spatule.

Mettez les demi-œufs au congélateur... Pendant ce temps, préparez le glaçage : faites fondre le chocolat avec 100 g de crème sur feu doux dans une petite casserole, en tournant avec un fouet. Dans une seconde casserole, plus grande, mettez le sucre et le cacao ; ajoutez l'eau ; portez à ébullition en fouettant sans cesse ; ajoutez la crème épaisse ; faites bouillir 10 secondes, puis ajoutez à cette préparation le chocolat fondu dans la crème (ganache) contenu dans la petite casserole. Retirez du feu en fouettant vivement.

Préparez les amandes croustillantes : allumez le four th. 3 (125°) ; dans un bol, mettez les amandes ; arrosez-les de sirop en mélangeant délicatement avec 2 fourchettes.

Étalez les amandes sur une plaque antiadhésive ; glissez la plaque au four ; laissez cuire les amandes jusqu'à ce qu'elles soient très dorées,

très brillantes, très croustillantes, en les décollant souvent les unes des autres pendant la cuisson. À la sortie du four, laissez-les refroidir sur la plaque puis mettez-les sur un papier sulfurisé.

J'AIME LA CRÈME DANS LES DESSERTS, QU'ELLE NIMBE D'UNE GRÂCE ENFANTINE. J'AVOUE UN FAIBLE POUR LA CHANTILLY DONT UNE PLEINE ÉCUELLÉE SUFFIT À PEINE À ASSOUVIR MA GOURMANDISE. DANS LES PLATS SALÉS, J'UTILISE TRÈS PEU LA CRÈME – QUELQUES FLOCONS POUR VELOUTER LES POTAGES – ET JE NE M'EN SERS JAMAIS POUR LIER LES SAUCES QU'ELLE EMPOISSE ET DONT ELLE EMPRISONNE LES BOUQUETS.

Avant de servir, ou même avant le repas, démoulez les mousses en trempant les demi-coquilles d'œufs 10 secondes dans de l'eau chaude, et posez-les sur une grille à pâtisserie placée au-dessus d'un saladier.

Faites tiédir le glaçage et nappez-en plusieurs fois les mousses à l'aide d'une cuillère à soupe ; laissez bien s'égoutter les hérissons puis posez-les, à l'aide d'une spatule souple, au centre des assiettes ; piquez-les d'amandes, en biais, en laissant bien découverte la pointe du museau, poudrez-les légèrement de cacao... et servez aussitôt les hérissons, accompagnés de sauce chocolat chaude.

LE LOUIS XV AU CROUSTILLANT DE PRALIN

Photo page 164

POUR 12 PERSONNES

POUR LA DACQUOISE-NOISETTE

200 g de noisettes en poudre • 200 g de sucre semoule • 160 g de blancs d'œufs • 80 g de sucre glace.

POUR LE CROUSTILLANT DE PRALIN

30 g de chocolat de couverture « Ivoire » • 120 g de praliné-noisette • 60 g de feuilletine (crêpes dentelles brisées).

POUR LA GANACHE « PARADIS »

200g de chocolat de couverture noir • 180 g de crème liquide • 330 g de crème fouettée en chantilly.

POUR LA SAUCE PROFITEROLE

120 g de sucre semoule • 50 g de crème épaisse • 50 g de cacao non sucré.

POUR LE DÉCOR

12 feuilles d'or.

Préparez d'abord la dacquoise-noisette : allumez le four, th. 6 (200°) ; mélangez la poudre de noisettes et le sucre semoule. Dans une terrine, fouettez les blancs en neige ferme ; ajoutez-y le sucre glace en continuant de les fouetter puis incorporez à cette meringue le mélange poudre de noisettes-sucre semoule en soulevant avec une spatule. Versez cette pré-

Page 187 : « Courgette-fleur attirant une visiteuse matinale dans un jardin de Mougins. » Sur un vigoureux plant de courgette se dresse un tout jeune fruit portant une fleur épanouie, convoitée par une abeille : cette courgette sera cueillie ce matin, dans sa primeur. Ainsi aime-t-on les « courgettes-fleurs » dans le midi, les « zucchine », en Italie. Pour les faire cuire avec leur fleur il ne faut pas attendre : ôter très vite le pistil de la fleur, la draper comme un turban au bout de la courgette et la faire cuire al dente. On peut aussi détacher les fleurs des fruits, les manger crues mêlées à du mesclun, en garnir une soupe, les farcir, en faire des omelettes ou des beignets... mais les fleurs femelles des courgettes sont fragiles : très fines, elles se déchirent et manquent un peu de goût... alors que les fleurs mâles, tels des lys de velours orange aux nervures vert pomme, quatre à cinq fois plus grandes et plus charnues sont idéales pour la cuisson.

Ci-dessus : « Fleur de courgette frite. » Avant de faire frire une fleur de courgette, il faut la plonger dans une pâte qui révèlera le mieux son irrésistible goût d'abricot mûr. La pâte préférée d'Alain Ducasse, très légère, très liquide, n'emprisonne pas la fleur : c'est un mélange de farine de riz, d'eau glacée et de jaune d'œuf, très proche de la recette japonaise des tempuras, légérissimes beignets de légumes et de fruits de mer, qui n'a pas besoin de reposer avant d'être utilisée : il suffit d'y plonger les fleurs une à une, de les en retirer aussitôt et de les faire cuire dans une huile neutre frémissante : dès qu'elle croustille et avant même qu'elle ne dore, il faut retirer la fleur à l'aide d'une écumoire, l'égoutter et la déguster aussitôt. Pour la pâte : mettez 100 grammes de farine de riz dans une terrine ; ajoutez-y 1/4 litre d'eau et un jaune d'œuf ; remuez rapidement : c'est prêt.

paration sur une plaque à pâtisserie tapissée de papier sulfurisé ; lissez-la à la spatule, sur une épaisseur de 1 cm; glissez le moule au four pour 8 minutes. Laissez refroidir.

Préparez le croustillant de pralin : faites fondre la couverture ivoire; ajoutez-y le praliné et la feuilletine ; mélangez.

À l'aide d'un emporte-pièce rond de 7 cm, découpez 12 disques dans la dacquoise et disposez-les dans des cercles de 3 cm de haut placés sur une plaque à pâtisserie ; couvrez les biscuits d'une fine couche de croustillant.

Préparez la « ganache paradis » : faites bouillir la crème liquide; ajoutez-y le chocolat cassé en petits morceaux ; mélangez avec une spatule jusqu'à ce que le chocolat fonde. Divisez cette ganache en deux et laissez-la refroidir ; pendant ce temps, préparez la « sauce profiterole » : mettez le sucre et le cacao dans une petite casserole : ajoutez 1,5 dl d'eau et la crème ; portez à ébullition en fouettant vivement. Mélangez cette sauce profiterole à une partie de la « ganache paradis » puis incorporez-y la crème fouettée en chantilly ; remplissez les cercles de cette préparation et glissez la plaque les contenant au congélateur, pour deux heures au moins.

Au moment de servir, faites fondre, sans la faire chauffer, la ganache restante.

Démoulez les entremets en chauffant les cercles avec les doigts ; mettez-les sur une grille placée au-dessus d'un plateau et nappez-les de ganache, puis dressez-les dans les assiettes, décorez-les de feuilles d'or froissées et... servez .

PYRAMIDE GLACÉE AU CHOCOLAT ET AU NOUGAT DE NOIX, SAUCE AU CAFÉ FORT

Photo page 166

POUR 6 PERSONNES

POUR LA GLACE AU CHOCOLAT

1/4 de litre de lait • 25 g de crème liquide • 12 g de lait en poudre • 15 g de beurre • 25 g de cacao non sucré • 2 jaunes d'œufs • 100 g de sucre semoule.

POUR LA GLACE AU NOUGAT DE NOIX

1/2 l de lait • 50 g de crème liquide • 120 g de noix caramélisées concassées • 200 g de sucre semoule • 4 jaunes d'œufs • 35 g de beurre • 25 g de lait en poudre.

POUR LA SAUCE AU CAFÉ

1/2 l de lait • 6 jaunes d'œufs • 100 g de sucre semoule • 50 g de grains de café concassés.

POUR LE DÉCOR

250 g de chocolat de couverture noir • 100 g de chantilly • 50 g de cacao non sucré.

Préparez d'abord la glace au nougat de noix : faites bouillir le lait ; ajoutez-y le lait en poudre et la crème. Fouettez les jaunes dans une casserole avec le sucre ; versez-y le mélange lait-crème bouillant ; faites cuire la préparation comme une crème anglaise, sans la laisser bouillir et jusqu'à ce qu'elle nappe la spatule ; ajoutez-y enfin le beurre. Laissez la crème

« La tourte pasqualine de Mamma Lena. » À Pâques, et pendant tout le printemps et l'été, la Signora Elena Muratore – mère de Mario Muratore, chef du garde-manger du Louis XV – confectionne d'exquises tourtes : elle tapisse d'une très fine pâte à l'huile d'olive – qu'elle confectionne elle-même et qu'elle abaisse avec un très long rouleau à pâtisserie – dépassant largement les bords d'un grand moule en fer-blanc qu'utilisait sa grand'mère. Elle la garnit d'un bouquet d'herbes, de légumes et de plantes sauvages – blettes, épinards, courgettes, cébettes, vrilles de ronce, bourrache et marjolaine – cueillis dans son jardin de Pigna, hachés et ciselés crus, qu'elle mélange à de la ricotta, du parmesan râpé, des œufs, et qu'elle nappe d'huile d'olive. Elle pose sur cette farce une seconde feuille de pâte qu'elle soude à la première en les pinçant ensemble, puis elle la perce de nombreux petits coups de ciseaux pour permettre à la vapeur de s'échapper pendant la cuisson dans le four à pain. La recette traditionnelle de la tourte pascale « Torta pasqualina », une des plus anciennes préparations de la cuisine ligure, prévoyait, pour célébrer Pâques, de creuser des nids dans la farce de la tourte et d'y casser des œufs.

Page 191 : « La vieille ville de Menton. » Au-dessus de la corniche bordée de palmiers, la vieille ville de Menton (dont le nom apparaît pour la première fois en 1261, et qui fut monégasque jusqu'en 1860) grimpe sur le rocher, avec ses maisons aux toits de tuiles roses, aux fenêtres hautes donnant sur la mer, « bleue, énorme, longue, tranquille », telle que la voyait Gustave Flaubert.

« Filets de rougets de roche du pays à la tapenade, pommes de terre nouvelles et rubans de courgettes ». (Recette page. 221). Le rouget de roche — Mullus Surmuletus — a le dos rouge, les flancs rosés rayés de jaune, le ventre blanc ; sa première nageoire dorsale est tachetée de rouge ; il vit dans les rochers à 70 mètres de profondeur, où il est difficile de l'atteindre. Sa chair blanche, ferme et douce, évoquant celle des crustacés est beaucoup plus savoureuse que celle du rouget-barbet — Mullus Barbatus — qui vit à 300 mètres de profondeur et que l'on peut capturer au chalut. Son dos est rouge virant au rose, sans rayures jaunes, son ventre est argenté, sa première nageoire dorsale est dépourvue de taches rouges. Les pêcheurs amateurs font griller les rougets de roche sans les vider — ne les appelle-t-on pas « bécasses de mer » —, sur la plage et dégustent leur délicieux foie iodé sur des petits croûtons.

refroidir puis incorporez-y les noix. Versez-la ensuite dans des moules en forme de pyramide ; remplissez-les aux 3/4 et mettez-les aussitôt au congélateur.

Préparez ensuite la glace au chocolat : faites bouillir le lait ; ajoutez-y le lait en poudre et la crème ; fouettez les jaunes dans une casserole avec le sucre et le cacao ; versez-y le mélange lait-crème bouillant ; faites cuire la préparation comme une crème anglaise, sans la laisser bouillir et jusqu'à ce qu'elle nappe la spatule ; ajoutez enfin le beurre. Laissez la crème refroidir puis versez-la sur la glace au nougat de noix jusqu'à ce que les moules en forme de pyramide soient pleins ; remettez au congélateur.

Préparez enfin la sauce au café : faites bouillir le lait avec les grains de café concassés ; laissez infuser 5 minutes puis filtrez. Dans une casserole, fouettez les jaunes avec le sucre jusqu'à ce qu'ils blanchissent puis versez-y le lait parfumé au café ; faites cuire la crème, comme une crème anglaise, sur un feu doux, sans la faire bouillir et jusqu'à ce qu'elle nappe la spatule, puis filtrez-la, laissez-la refroidir et réservez-la au réfrigérateur.

Préparez le décor : faites fondre le chocolat en le portant à une température de 45° ; laissez-le redescendre à 27° puis reportez-le à 32°. Ainsi « stabilisé » le chocolat ne risque plus de cristalliser (« grainer ») et restera bien brillant. Étalez au pinceau le chocolat fondu sur des feuilles de rhodoïd ; laissez-le refroidir puis découpez-y des triangles isocèles dont la base est égale à celle des moules en forme de pyramide : 7 cm.

Retirez les pyramides du congélateur ; trempez-les 10 secondes dans de l'eau tiède et démoulez-les sur les assiettes ; poudrez-les de cacao ; sur chacune de leurs faces, déposez une rosace de chantilly puis collez les triangles de chocolat sur ces rosaces (réalisées à l'aide d'une poche munie d'une douille cannelée). Versez un peu de sauce au café autour des pyramides, et... servez aussitôt.

MOUSSES GLACÉES CAFÉ-CHOCOLAT AU GRANITÉ CAFÉ

POUR 6 PERSONNES

POUR LA MOUSSE AU CHOCOLAT

3 blancs d'œufs • 50 g de sucre semoule • 160 g de chocolat noir • 5 cl d'eau bouillante.

POUR LA MOUSSE AU CAFÉ

1/4 l de crème liquide • 3œufs • 60 g de sucre • 5 cl de liqueur de café • 15 g de café soluble.

POUR LE GRANITÉ CAFÉ

2 dl de café expresso serré et sucré.

POUR SERVIR

3 dl de sauce chocolat (p. 194).

Préparez d'abord le granité café : versez le café dans un plat creux, sur 1 cm et faites-le glacer plusieurs heures au freezer. Remuez-le alors

avec les dents d'une fourchette : vous obtenez des paillettes, le« granité ».
Préparez la mousse au chocolat : dans une casserole faite fondre sur un feu doux le chocolat en morceaux, avec le sucre et l'eau bouillante, en tournant vivement avec une spatule. Laissez tiédir ; fouettez les blancs en neige ; incorporez-les au chocolat en soulevant avec le fouet, plutôt qu'en tournant.

JE PENSE QUE L'ART DE COMPOSER UNE SALADE RELÈVE PLUS DE L'ASSEMBLAGE QUE DU MÉLANGE. LES DIFFÉRENTS INGRÉDIENTS DOIVENT ÊTRE CHOISIS EN FONCTION DES AFFINITÉS QUI LES LIENT, PRÉPARÉS ET ASSAISONNÉS SÉPARÉMENT AVANT D'ÊTRE DRESSÉS, ET SERVIS ACCOMPAGNÉS D'UN CONDIMENT QUI CONVIENT À TOUS ET À CHACUN D'ENTRE EUX.

Répartissez la mousse dans six moules à bavarois ou à charlotte, en plastique ou en métal, de 8 cm de diamètre – la mousse ne doit les remplir qu'à demi – et glissez les moules au congélateur. Lorsque la mousse est glacée, répartissez le granité café dans les moules et préparez la mousse au café : fouettez la crème en chantilly ; incorporez-y la liqueur de café et le café soluble.
Cassez les œufs en séparant les blancs des jaunes ; fouettez les jaunes avec la moitié du sucre, jusqu'à ce qu'ils blanchissent ; fouettez les blancs avec le sucre restant ; incorporez à la crème au café, d'abord les jaunes blanchis, puis les blancs meringués ; remplissez les moules de cette mousse et laissez-la prendre au congélateur deux heures au moins.
Au moment de servir, trempez les moules 10 secondes dans de l'eau chaude ; démoulez les mousses dans des assiettes à dessert ; nappez-les de sauce chocolat... et servez aussitôt.

SAUCE CHOCOLAT

POUR 4 À 6 PERSONNES

1/4 l d'eau • 100 g de cacao non sucré • 150 g de sucre semoule • 200 g de crème épaisse.

Dans une casserole, mélangez le sucre et le cacao ; versez l'eau en tournant avec un fouet. Posez la casserole sur un feu moyen ; portez son contenu à ébullition, sans cesser de tourner avec le fouet ; ajoutez la crème et, lorsque le mélange bout, laissez-le bouillir 30 secondes en ne cessant de tourner, puis retirez du feu. Accompagnement idéal des glaces et des entremets à base de vanille, de chocolat ou de café, cette sauce se sert tiède ou froide... Pendant qu'elle refroidit, tournez-la vivement, le plus souvent possible, avec le fouet : elle restera lisse et brillante. Elle peut être préparée à l'avance et réservée au réfrigérateur pendant plusieurs jours : il vous suffira de la réchauffer à feu doux avant de l'utiliser.

« Tapenade ». (Recette *page 224).*
« Tapeno », nom provençal des câpres, a donné son nom à une sauce composée de câpres, d'olives noires et d'anchois salés broyés avec huile d'olive et jus de citron. Mais sa composition peut varier selon l'usage qu'on veut en faire : condiment pour viandes et poissons, pâte à tartiner pour croûtons grillés, sauce pour crudités. La recette de base d'Alain Ducasse est une purée d'olives noires ne comportant pas de câpres où le citron est remplacé par du vinaigre de Xérès. Il y ajoute selon les cas, jus d'ail, basilic ou thym frais. Cette tapenade peut être préparée à l'avance et réservée au réfrigérateur, dans un bocal, couverte d'huile d'olive ; les herbes et l'ail doivent être ajoutés au dernier moment. Lorsqu'on la destine aux jeunes légumes à déguster crus — cébettes (photo ci-contre), céleri, tomates, artichauts poivrades, choux-fleurs, fenouils — il faut augmenter la quantité d'anchois salés.

« Èze-village vu de la grande corniche. » Perché sur un piton de 427 mètres dominant la mer, Èze est un oppidum celto-ligure où passèrent Phéniciens, Romains et Sarrasins. Le vieux village, protégé par une porte fortifiée avec mâchicoulis et chemin de ronde, offre, de chacune de ses rues étroites, escarpées, coupées d'escaliers ou couvertes de voûtes, une vue lumineuse sur la mer et sur la montagne. On accède à Èze-bord-de-mer par le sentier Friedrich Nietzsche qui dévale vers la corniche inférieure bordée de pins et d'oliviers. Animé par ce qu'il appelait sa « foi dans le Sud », Nietzsche a écrit à Èze un de ses chefs-d'œuvre : « Ainsi parlait Zarathoustra ».

Ci-contre : « Bouquet d'asperges sauvages. » Il existe plusieurs espèces d'asperges sauvages en France. La plus courante est l'« Asparagus officinalis » qui pousse en bordure des bois, dans les prairies sablonneuses et le long du littoral, mais la meilleure est sans doute l'« Asparagus Acutifolius », qui pousse dans les garrigues, dans les endroits secs et dans les bois après les feux, autour de la Méditerranée. Cette plante vivace à tige souterraine émet au printemps des pousses fines, fluettes, tendres et croquantes, d'un blanc nacré teinté de vert et de rose, dont la saveur agreste, très légèrement amère, est exquise. Il faut cueillir ses « turions » tout jeunes, car ils se développent très vite et, en s'épanouissant, deviennent ces tiges hérissées d'aiguilles vertes très appréciées pour confectionner les bouquets : l'asparagus.Les asperges sauvages sont excellentes en salades tièdes, dans les compositions de légumes et les omelettes. On peut aussi les utiliser comme condiments : les piquer, par exemple, à l'instar des bâtonnets de truffe, dans des suprêmes de volaille avant de les faire rôtir.

Page 199 : « Asperges et morilles du pays. » Au printemps, asperges et morilles arrivent en même temps, les unes cultivées avec les plus grands soins, les autres cueillies dans l'arrière-pays. Les premières rôties, les secondes étuvées, liées d'un fin velouté acidulé composent un très savoureux duo.

MERINGUE ITALIENNE

Photo page 173

POUR 3 BLANCS DE MERINGUE

120 g de blancs d'œufs (soit les blancs de 3 œufs de 70 g) • 240 g de sucre semoule • 1 c. à s. de jus de citron.

Mettez le sucre dans une casserole à fond épais ; ajoutez le jus de citron et 2 cuillères à soupe d'eau. Mettez la casserole sur un feu moyen. Laissez cuire le sirop, sans y toucher, jusqu'à ce que sa surface se couvre de très petites bulles semblables à des perles... une goutte de ce sirop roulée entre deux doigts mouillés forme une petite boule molle : on dit que le sucre est cuit au « petit boulé » (121° au pèse-sirop).

Pendant que le sucre cuit, battez les blancs en neige dans une terrine ; lorsque le sirop est à point, versez-le sur les blancs, en mince filet, en continuant de les fouetter. Fouettez-les jusqu'à complet refroidissement : cette opération étant longue, préparez la meringue dans le bol d'un robot, de préférence.

Lorsqu'elle est froide, la meringue est lisse, brillante, souple : elle peut être travaillée à la spatule, glissée dans une poche munie d'une douille lisse ou cannelée et constituer un très joli décor pour entremets et gâteaux. Elle peut entrer dans la préparation des mousses qu'elle allège, des sorbets qu'elle rend onctueux, des soufflés glacés qu'elle rend aériens. On peut en recouvrir tartes et tartelettes au citron ou à l'orange puis les glisser sous le gril du four pour faire dorer les arêtes et les crêtes de la meringue qui refroidira sans risque de s'affaisser... mais, même utilisée telle quelle, la meringue italienne est très stable (puisque les blancs ont été cuits par le sirop) et peut être réservée plusieurs heures au réfrigérateur.

TARTELETTES AU CITRON DE MENTON

Photo page 176

POUR 30 À 40 TARTELETTES

POUR LA PÂTE

200 g de farine de blé blanche • 100 g de beurre très mou • 1 œuf • 50 g de sucre glace • 2,5 g de levure chimique.

POUR LA GARNITURE

Le zeste râpé finement d'1 citron de Menton • 75 g de jus de citron de Menton • 85 g de beurre • 2 œufs de 70 g chacun • 120 g de sucre semoule.

La veille, préparez la pâte : mettez la farine dans une terrine avec la levure ; ajoutez le beurre, le sucre et enfin l'œuf en tournant avec une spatule. Ne travaillez pas la pâte au-delà du moment où elle forme une boule homogène ; couvrez-la d'un linge et réservez-la au réfrigérateur.

Le lendemain, allumez le four, th. 6 (200°) ; abaissez la pâte au rouleau le plus finement

« Blanquette de turbotin de ligne aux jeunes légumes, asperges sauvages et champignons des bois. » (Recette page 228). Un turbotin cuit « sur son arête » – gélatineuse, et qui nourrit sa chair savoureuse – en compagnie de jeunes légumes de printemps – cueillis dans les jardins, les prés et les bois – est servi dans la cocotte où il a mijoté avec sa garniture... pour ne rien perdre des parfums exhalés pendant la cuisson

« Pavés de loup croustillants, tomates confites aux olives de Nice, panisses et basilic frits. » (Recette page 236). Une recette à la gloire de la cuisine méditerranéenne, où tous les éléments – croustillants à l'extérieur et fondants à l'intérieur – sont exaltés par la douceur de la tomate confite et l'amertume de l'olive de Nice.

possible ; garnissez-en des moules à tartelettes de 2,5 à 5 cm de diamètre. Pour plus de facilité, rangez les moules sur le plan de travail, bien serrés les uns contre les autres : pour plus de sécurité, beurrez-les légèrement avant de les garnir de pâte, même s'ils sont antiadhésifs. Couvrez les moules de la bande de pâte et faites glisser le rouleau dessus : instantanément, la pâte est coupée par le rouleau passant sur les bords des moules. Faites adhérer la pâte au fond des moules ; posez sur la pâte des petites caissettes en papier sulfurisé du diamètre des moules et remplissez-les de haricots secs ou de pois chiches. Rangez les petits moules sur la plaque du four ou sur une plaque à pâtisserie. Faites cuire les tartelettes 6 à 7 minutes, jusqu'à ce qu'elles soient blondes ; retirez-les du four ; laissez-les tiédir avant de les démouler et de les laisser refroidir sur une grille.

Préparez la crème au citron : mélangez tous les ingrédients dans une casserole à fond épais ; posez la casserole sur un feu modéré. Faites bouillir la préparation 30 secondes en la fouettant vivement puis versez-la dans une terrine en la filtrant à travers un chinois fin. Laissez refroidir la crème au citron en la tournant de temps en temps pour la rendre bien lisse, puis glissez-la dans une poche munie d'une douille lisse de 1 à 1,5 cm de diamètre et remplissez-en les tartelettes... Ces petites friandises sont exquises telles quelles, mais vous pouvez aussi les garnir de zestes de citron de Menton préalablement cuits dans du sirop et égouttés, ou les recouvrir d'une rosace de meringue italienne que vous ferez rapidement dorer au gril du four. Vous pouvez aussi décorer les tartelettes au citron d'un éventail (1/4 de rondelle) d'orange semi-confite ou, avant de les remplir de crème au citron, les garnir d'une demi-rondelle d'orange semi-confite finement hachée.

CITRONS DE MENTON À LA COQUE EN CHAUD-FROID, MOUILLETTES GLACÉES

Photo page 177

POUR 8 PERSONNES

8 citrons de Menton • 3 oranges • 2 pamplemousses • 4 mandarines • 2 feuilles de gélatine.

POUR LA CHIBOUSTE AU CITRON

160 g de jus de citron • 125 g de crème double • 7 œufs • 200 g de sucre semoule • 20 g de farine de blé blanche type 45 • Sucre glace.

POUR LES MOUILLETTES

50 g de pâte feuilletée • 50 g de sucre glace.

Préparez d'abord les mouillettes : allumez le four th. 6 (200°). Étalez la pâte feuilletée au rouleau, le plus finement possible, sur le plan de travail poudré de sucre glace ; pendant que vous l'abaissez, retournez-la plusieurs fois afin que le sucre glace s'incruste sur ses deux faces. Coupez-la en fines bandelettes de 5 à 6 mm de large et de 12 à 15 cm de long; disposez-les sur une plaque à pâtisserie antiadhésive et faites-les cuire 8 à 10 minutes, jusqu'à ce qu'elles soient bien caramélisées. Laissez les mouillettes refroidir puis réservez-les sur une grille à pâtisserie.

Prélevez le zeste de deux oranges, d'un pamplemousse et de deux mandarines, à l'aide d'un couteau économe, sans entamer la partie blanche – amère – de l'écorce; coupez ces zestes en très fins bâtonnets. Pressez ces fruits; faites cuire les zestes dans ce jus, 10 minutes, puis égouttez-les et réservez-les.

MÊME DANS CE QU'ELLE OFFRE DE MEILLEUR, LA NATURE NE DONNE RIEN D'ABSOLU : L'ART CULINAIRE EST LA RECHERCHE DE CET ABSOLU.

Pelez à vif les fruits restants: deux oranges, deux mandarines, un pamplemousse; détachez la pulpe des quartiers, en glissant un couteau entre les membranes; coupez chaque « suprême » de pulpe en trois; mettez ces morceaux de fruits dans un bol, avec les zestes. Faites tremper les feuilles de gélatine dans de l'eau froide pour les ramollir; égouttez-les; faites-les fondre à feu doux avec 1 cuillère à soupe de jus récupéré dans le bol; versez la gélatine fondue dans le bol; mélangez. Laissez refroidir.

Préparer la chibouste au citron: cassez les œufs en séparant les blancs des jaunes; faites bouillir le jus de citron; ajoutez la crème; faites bouillir le mélange. Fouettez les jaunes dans une casserole avec 50 g de sucre semoule et la farine; versez le mélange jus de citron-crème dans la casserole, portez à ébullition, en tournant vivement, comme une crème pâtissière; faites bouillir 2 minutes et retirez du feu.

Faites tremper la gélatine dans de l'eau froide; lorsqu'elle est molle, égouttez-la et glissez-la dans la crème chaude: elle fond aussitôt.

Mettez les 150 g de sucre semoule restants dans une casserole avec 2 cuillères à soupe d'eau. Faites cuire le sucre au « petit boulé » (121° au pèse sirop). Fouettez les blancs en neige molle, incorporez-y le sirop, en mince filet, sans cesser de les fouetter. Fouettez 3 minutes puis incorporez cette meringue à la crème au citron. Étalez cette crème sur une plaque, sur une épaisseur de 1,5 cm; mettez-la au congélateur.

Pour les creuser plus facilement, passez les citrons dix minutes au four doux. À la sortie du four, décalottez les citrons dans le sens de la longueur; videz-les de leur pulpe à l'aide d'une petite cuillère; remplissez-les de pulpe et de zestes en gelée. Mettez-les au réfrigérateur pour deux heures.

Découpez la crème chibouste à l'aide d'un emporte-pièce ovale de la taille de l'ouverture des citrons; poudrez-la de sucre glace et faites-la gratiner au gril du four ou à la salamandre. Posez la chibouste gratinée et chaude sur les citrons placés sur des coquetiers. Dressez-les dans des assiettes, entourez-les de mouillettes et... servez aussitôt.

« Peau de loup croustillante. » C'est la peau des poissons qui recèle le goût de la mer : la preuve en est donnée dans la recette du « loup de Méditerranée poêlé au poivre du Séchuan, tomates confites et olives pitchoulines » (page 239). Retirez la peau du loup, faites-la griller jusqu'à ce qu'elle croustille et que sa robe argent prenne des reflets de bronze : vous goûterez l'algue, l'iode, les herbes marines couvrant les rochers, le sel de la vague.

« Alain Ducasse à Pigna.» À Pigna, vieux village chargé d'histoire de l'arrière-pays ligure, les escaliers raides prolongés de belvédères donnant sur les collines et les jardins succèdent à de petites places garnies de bancs de pierre où l'air embaume la cuisine de mamma... odeurs familières, de pistou — invention revendiquée par les Génois —, de beignets de fleurs de courgettes, de focaccia au fenouil, de « sardenaira » — pizza à pâte levée garnie de tomate, d'anchois et d'oignon, de stockfisch à l'aigre-doux, de panisses rissolant dans l'huile... saveurs des Rivieras.

RONDELLES D'ORANGES SEMI-CONFITES

Photo page 179

POUR ENVIRON 2,5 KG

2 kg d'oranges non traitées • 1 kg de sucre semoule.

Lavez les oranges; coupez- les en rondelles de 3 mm, à la mandoline, ou à la trancheuse à jambon. Poudrez de sucre le fond d'une marmite de 24 cm de diamètre; tapissez-le d'une couche de rondelles d'oranges se chevauchant légèrement; poudrez de sucre cette couche de fruits; formez ainsi plusieurs couches, jusqu'à épuisement des ingrédients. Terminez par une couche de sucre. Versez de l'eau froide le long des parois de la marmite; cessez d'en verser lorsque l'eau couvre les fruits à hauteur. Découpez dans du papier sulfurisé un disque du diamètre de la marmite; couvrez-en les oranges et posez la marmite sur un feu doux. Laissez cuire lentement, deux heures environ, jusqu'à ce que la partie blanche des rondelles devienne translucide et que le sirop de cuisson prenne la consistance d'un miel liquide.

Laissez refroidir dans la marmite. Cette «compote» peut être réservée dans une jatte, plusieurs jours au réfrigérateur. Dégustez-la froide, telle quelle, accompagnée de madeleines, quatre-quarts, financiers, ou en compagnie d'autres fruits – pruneaux macérés au thé ou à l'eau de vie, fraises qui auront macéré dans leur jus nappant et parfumé... Vous utiliserez les plus belles rondelles entières, pour décorer et habiller des tartes au citron; vous hacherez les autres et en garnirez la pâte de ces mêmes tartes avant de les couvrir de crème au citron, ou vous les mêlerez à des compotes ou des salades de fruits nappées de leur sirop.

TUILES À L'ORANGE

Photo page 181

POUR 40 À 50 TUILES

50 g de beurre fondu froid • 100 g de sucre semoule • 100 g d'amandes hachées • 50 g de jus d'orange • 25 g de Grand Marnier • 25 g de farine • 1/2 zeste d'orange très finement râpé • 1/2 c. à c. de vanille liquide.

Versez le beurre dans un saladier; ajoutez-y le sucre en tournant avec une spatule, puis le zeste, les amandes et enfin, les éléments liquides: jus d'orange, Grand Marnier, vanille. Lorsque la préparation est homogène, mettez le saladier au réfrigérateur. Laissez la pâte reposer 1 heure, ou plus longtemps.

Allumez le four th. 5 (175°). Sur une plaque à pâtisserie antiadhésive, déposez des petits tas de pâte – un peu moins d'une cuillerée à café – et étalez-les en disques avec le dos de la cuillère. Espacez les disques de pâte d'au moins 3 cm les uns des autres. Faites cuire les tuiles 5 à 6 minutes, jusqu'à ce qu'elles soient bien dorées. Lorsqu'elles sont cuites, décollez-les de la plaque en les soulevant à l'aide d'une spatule souple et rangez-les sur un rouleau à pâtisserie,

sur une bouteille ou dans des moules spéciaux appelés « gouttières », où en séchant – quelques secondes suffisent – elles prendront la forme de tuiles croustillantes. Rangez-les ensuite sur un plateau ou sur un compotier.
Vous pouvez ajouter à la pâte des tuiles de très fines lanières de zeste d'orange préalablement cuites dans du sirop et égouttées.

CANETONS MI-SAUVAGES AUX ÉPICES EN DOLCE-FORTE

Photo page 182

POUR 4 PERSONNES

4 colverts mi-sauvages ou 4 canards sauvages de 800 g à 900 g chacun • 25 g de sucre • 25 g de miel • 1,5 dl de vinaigre de Xérès • 3 dl de jus de canard (p. 19) • 2 c. à c. de coriandre en poudre • 2 c. à c. de macis en poudre • 2 c. à c. de cannelle en poudre • 2 c. à c. de gingembre en poudre • 50 g de beurre • 3 c. à s. d'huile d'olive.

POUR LA GARNITURE

20 très jeunes navets • 20 très jeunes betteraves • 8 petites poires de la Saint-Jean • 1 orange • 1 citron • 2,5 dl de fond blanc (p. 17) • 1/2 gousse de vanille • 1 bâton de cannelle de 6 cm • 3 grains de poivre • 1 clou de girofle • 1 c. à c. de vinaigre de Xérès • 200 g de sucre • 100 g de beurre • Sel • Poivre.

Plumez et flambez les canards; videz-les et réservez les foies. Concassez les cous; réservez-les. Bridez les canards, huilez-les légèrement et enrobez-les d'épices en poudre mélangées. Réservez-les au réfrigérateur.
Pelez les betteraves et les navets en les « tournant » (en leur donnant une forme ovale identique) et en leur laissant 2 cm de fane. Faites-les cuire très al dente séparément, à l'eau bouillante salée; égouttez-les; plongez-les dans de l'eau froide; égouttez-les.
Pelez les poires. Faites bouillir dans une grande cocotte: 1 litre d'eau avec le sucre, la vanille, la cannelle, les zestes du citron et de l'orange et leur jus, le clou de girofle et les grains de poivre. Plongez-y les poires, laissez-les cuire jusqu'à ce qu'elles soient très tendres et laissez-les dans leur cuisson.
Allumez le four th. 7 (225°).
Faites fondre 50 g de beurre dans un plat à four pouvant contenir les quatre canetons; ajoutez l'huile et posez les canards dans le plat; salez-les; glissez le plat au four et baissez le thermostat à 6 (200°). Faites cuire les canards 10 minutes sur le dos et 5 minutes sur chaque cuisse; arrosez-les souvent pendant la cuisson puis réservez-les au chaud sur une grille. Jetez le gras de cuisson. Levez les filets et les cuisses des canards. Laissez-les reposer sur la grille placée au-dessus d'un plat, au chaud. Concassez les carcasses; mettez-les dans le plat avec les cous concassés et faites-les rissoler 5 minutes; poudrez de sucre et de miel; faites caraméliser; déglacez au vinaigre, et, lorsqu'il s'est évaporé, mouillez du jus de l'orange et du citron; laissez réduire

« Dentelles de parmesan ». (Recette page 247). Le parmesan – reggiano – a tous les talents, y compris celui de prendre l'apparence d'une friandise.

des 2/3 ; versez le jus de canard dans le plat. Laissez mijoter 10 minutes

Pendant ce temps, répartissez le fond blanc dans deux sauteuses pouvant contenir les légumes sur une seule couche ; faites cuire les navets dans l'une, les betteraves dans l'autre et lorsqu'ils sont tendres, ajoutez-leur une noix de beurre qui les lustrera, les rendra brillants, « glacés »... Faites réchauffer les poires dans leur jus ; retirez-les ; réservez-les au chaud. Faites réduire leur jus à feu vif jusqu'à obtention d'un sirop très nappant.

Filtrez au chinois étamine le contenu du plat, au-dessus d'une casserole ; ajoutez le beurre restant, le vinaigre de Xérès, sel et poivre. Réchauffez en fouettant. Faites réchauffer les canards désossés 2 minutes au four. Répartissez dans les assiettes suprêmes et cuisses de canard, navets et betteraves glacés, poires nappées d'un peu de leur sirop... et servez aussitôt. Ces canetons enrobés d'épices peuvent aussi être cuits à la broche.

CANETONS COLVERTS MI-SAUVAGES AUX NAVETS FANES ET AUX FIGUES FRAÎCHES

POUR 4 PERSONNES

4 colverts mi-sauvages de 800 à 900 g chacun • 1 kg de très jeunes navets (« navets fanes ») • 16 belles figues mûres • 3 dl de porto • 1/2 gousse de vanille • 1 éclat de cannelle de 3 cm • 1 clou de girofle • 1 feuille de laurier • 1 l de bouillon de poule • 1/2 l de vin rouge • 200 g de beurre • 1 dl d'huile d'olive • 1 c. à c. de vinaigre de Xérès • Sel • Poivre.

La veille, mettez les figues dans un saladier ; arrosez-les de porto ; ajoutez la cannelle, la vanille, le clou de girofle et la feuille de laurier. Laissez-les mariner au réfrigérateur.

Le lendemain : plumez, videz et bridez les colverts. Pelez les navets en les tournant – c'est-à-dire en leur donnant une forme identique – et en leur laissant 2 cm de fanes ; lavez-les ; égouttez-les. Allumez le four th. 6 (200°). Salez et poivrez les colverts.

Dans un sautoir en cuivre pouvant contenir les quatre canards, faites chauffer l'huile d'olive ; ajoutez 75 g de beurre et lorsque le mélange mousse, roulez-y les canards, pour les saisir sur toutes leurs faces puis mettez le sautoir au four. Faites cuire les colverts 5 minutes sur chaque cuisse et 5 minutes sur le dos. Arrosez-les souvent pendant la cuisson et veillez à ce que la matière grasse ne brûle pas.

Faites très légèrement blondir les navets dans une sauteuse pouvant les contenir sur une seule couche, avec 50 g de beurre, 5 minutes environ, puis arrosez-les de 1/4 de litre de bouillon et laissez-les cuire jusqu'à ce que la lame d'un couteau les pénètre facilement.

Mettez les figues et leur marinade dans une sauteuse pouvant les contenir sur une seule couche. Faites-les chauffer à feu doux.

Retirez les colverts du four et laissez-les repo-

« Amanite des Césars ou Oronge vraie. »
D'un petit œuf tout blanc éclôt l'un des plus célèbres, des plus beaux et des plus délicieux champignons du monde : « l'Amanite des Césars – Amanita Caesarea – ou oronge vraie ». Son chapeau qui s'étale jusqu'à 20 centimètres est rouge orangé, son pied élancé, jaune d'or, porte un anneau de même couleur et à sa base, une volve blanche à trois ou quatre dents. La chair de l'oronge vraie est blanche, ferme, croquante, et sent la noisette : aussi est-elle excellente crue, en salade, comme à Bologne, où on la sert émincée, mêlée à des lamelles de céleri en branches et des copeaux de parmesan, juste nappée d'huile d'olive et poudrée de grains de sel. Très rare dans le Nord, assez fréquente dans l'Est, l'oronge vraie pousse surtout dans le Midi, en été et en automne, sous les chênes et les châtaigniers.

Ci-contre : « Côte de veau de lait fermier sur un gratin de légumes à l'ail nouveau ». (Recette page 250). Gousses d'ail en chemise, cébettes, carottes, pommes de terre, pois gourmands, cueillis dans leur primeur, cuits dans un jus de veau, liés de parmesan râpé et légèrement gratinés, accompagnent une épaisse côte de veau de lait fermier de la Corrèze, dont la chair rosée, fondante et délicate, dorée à la poêle, est caramélisée par ses propres sucs.

Page 215 : « Pâtes à la façon du moulinier ». (Recette page 253). Autrefois, lorsqu'on partait pour la journée cueillir les olives ou faire les vendanges, on emportait des pâtes et juste assez d'eau pour les faire cuire : d'où la nécessité d'utiliser la méthode « pilaf », qui leur convient à merveille.

ser sur une grille 5 minutes, avant d'en lever les filets et les cuisses. Mettez cuisses et filets sur la grille placée sur un plat, au chaud ; couvrez-les d'une feuille d'aluminium.
Concassez les carcasses ; jetez le gras de cuisson des canards ; mettez les carcasses dans le plat avec 50 g de beurre ; faites-les rissoler 5 minutes puis versez le vin rouge pour déglacer ; laissez-le réduire complètement, puis versez dans le plat de la marinade des figues ; laissez réduire de la même manière ; écrasez quatre figues marinées dans le plat et mouillez de 1/4 l de bouillon. Laissez réduire de moitié. Filtrez au chinois étamine le contenu du plat au-dessus d'une casserole ; ajoutez le vinaigre, sel et poivre, si nécessaire, et 75 g de beurre en fouettant vivement.
Faites réchauffer 2 minutes au four les canards désossés ; dressez dans les assiettes cuisses et filets, entourez-les de navets glacés et de figues bien chaudes ; nappez le tout d'un peu de sauce, versez le reste en saucière... et servez aussitôt.

JEUNES LÉGUMES AU JUS DE BARIGOULE

POUR 4 PERSONNES

300 g de carottes fanes • 4 navets fanes • 4 fenouils fanes • 4 petits poireaux • 4 cébettes • 4 courgettes fleurs • 4 artichauts violets • 8 oignons grelots • 60 g de haricots verts extra-fins • 100 g de gros dés de jambon de Parme • 1/4 l de vin blanc sec • 1 c. à s. de vinaigre de Xérès • 1/2 c. à s. de vinaigre balsamique extra-vieux • 4 feuilles de basilic • 1,5 dl d'huile d'olive • Sel • Poivre • 2 c. à s. de jus de citron.

POUR LE JUS DE BARIGOULE

80 g d'oignons hachés • 50 g de céleri en branches haché • 80 g de carottes en petits cubes • 80 g de fenouil haché • 4 gousses d'ail pelées • 1 brin de thym • 1 feuille de laurier • 1/2 c. à c. de graines de coriandre • 1/2 c. à s. de poivre concassé gros • 2 feuilles de basilic • 2 dl de vin blanc • 4 c. à s. d'huile d'olive • Sel.

Préparez le jus de barigoule : dans un petit carré de gaze, mettez les feuilles de basilic, le thym, le laurier, les graines de coriandre et le poivre concassé. Nouez ce petit carré d'aromates et d'épices.
Faites chauffer l'huile dans une sauteuse de 20 cm ; mettez-y tous les légumes ; faites-les à peine blondir en les tournant sans cesse puis mouillez-les de vin blanc, laissez-le s'évaporer à demi, versez de l'eau dans la sauteuse pour couvrir largement les légumes ; salez ; ajoutez le petit nouet d'épices et laissez cuire 1 heure à tout petits frémissements.
Pendant ce temps, préparez les jeunes légumes : pelez les carottes et les navets et laissez-leur 1 cm de fanes ; équeutez les haricots verts ; retirez le pistil des fleurs de courgettes et coupez l'autre extrémité ; coupez la racine des fenouils et laissez-leur un maximum de fanes ; coupez la racine

des poireaux, pelez-les, laissez la partie vert tendre; coupez la racine des radis et les fanes; pelez les oignons grelots; coupez la racine des cébettes et laissez la partie vert tendre. Lavez tous ces légumes. Faites blanchir (plongez-les 2 minutes dans de l'eau bouillante puis dans de l'eau très froide) pour préserver leur couleur verte, et séparément: les haricots verts, les courgettes fleurs, les cébettes et les poireaux; égouttez-les. Ne gardez des artichauts que le cœur; coupez les cœurs en quatre; mettez-les dans un bol; arrosez-les de jus de citron, couvrez-les d'eau froide.

Lorsque la barigoule a cuit 1 heure, égouttez les légumes et réservez leur jus dans une casserole; jetez les légumes et les aromates. Allumez le four th. 5 (175°).

Faites cuire les jeunes légumes: versez 4 cuillères à soupe d'huile d'olive dans une cocotte de 26 cm, faites-y dorer tous les légumes préparés – ceux qui ont été blanchis et ceux qui sont crus – avec le jambon, puis mouillez-les de vin blanc, laissez le vin réduire de moitié et ajoutez le jus de barigoule aux légumes: il doit les couvrir à hauteur. Couvrez les légumes d'une feuille de papier sulfurisé du diamètre de la cocotte et glissez-la au four pour 25 à 30 minutes: les légumes doivent rester légèrement croquants. Laissez-les refroidir puis retirez-les de la cocotte à l'aide d'une écumoire et réservez-les dans un plat; jetez le jambon. Ajoutez à leur jus les deux vinaigres et l'huile restante; sel; poivre; fouettez vivement pour obtenir une émulsion; remettez les légumes dans la cocotte pour qu'ils s'enrobent de ce jus parfumé et répartissez-les dans des assiettes creuses. Servez-les en entrée, à température ambiante ou légèrement rafraîchis, parsemés de basilic ciselé, tels quels, ou accompagnés de queues de langoustine rôties vivement à la poêle dans de l'huile d'olive.

GNOCCHI VERTS ET BLANCS À LA RICOTTA, LÉGUMES DE PRINTEMPS AU JUS DE JAMBON

POUR 4 PERSONNES

POUR LES GNOCCHI BLANCS

250 g de ricotta • 25 g de farine • 1 œuf • 1 dl d'huile d'olive • 4 pincées de noix muscade râpée • Sel • Poivre.

POUR LES GNOCCHI VERTS

250 g de ricotta • 35 g de farine • 1 œuf • 1 dl d'huile d'olive • 200 g d'épinards • 4 pincées de noix muscade râpée • Sel • Poivre.

POUR LA GARNITURE ET LE JUS

300 g de jambon de Parme en tranches de 3 mm • 1 laitue • 16 carottes fanes • 100 g de petits pois écossés • 50 g de fèves écossées • 3 dl de fond blanc (p 17) • 60 g de parmesan râpé • 80 g de beurre • 1 dl d'huile d'olive • 1/2 c. à c. de vinaigre de Xérès • Sel • Poivre.

Préparez les gnocchi verts: équeutez les épinards; lavez-les; plongez-les dans de l'eau bouillante salée; égouttez-les à fond en les pressant; mettez-les dans le bol d'un mixeur

avec la ricotta, la farine, l'œuf, l'huile d'olive, sel, poivre et noix muscade. Mixez jusqu'à obtention d'une pâte lisse et homogène. Mettez-la dans un saladier. Préparez les gnocchi blancs en mixant tous les ingrédients. Réservez la pâte dans un second saladier.
Préparez les légumes : ne gardez de la laitue que les côtes (réservez les feuilles pour une salade). Pelez les carottes fanes en gardant 2 cm de fanes : faites cuire ces minuscules légumes dans le fond blanc, puis égouttez-les dans une passoire et réservez le fond. Faites cuire les petits pois à l'eau bouillante, égouttez-les, plongez-les dans de l'eau froide ; ajoutez-les aux carottes. Plongez les fèves 1 minute dans de l'eau bouillante, égouttez-les ; plongez-les dans de l'eau froide, ajoutez-les aux autres légumes. Coupez le jambon en bandelettes de 1,5 cm puis en triangles équilatéraux.
Dans une sauteuse de 26 cm, faites fondre la moitié du beurre avec 2 cuillères à soupe d'huile d'olive ; faites-y cuire 2 minutes jambon et côtes de laitue, puis ajoutez le fond blanc et laissez cuire jusqu'à ce que la laitue soit tendre (10 minutes environ) ; ajoutez alors le beurre et l'huile restants, puis les légumes égouttés ; faites mijoter le tout 2 minutes puis retirez du feu.
Faites bouillir de l'eau dans une grande marmite ; salez-la ; à l'aide de deux cuillères à café, formez des quenelles avec chacune des pâtes à gnocchi. Plongez les gnocchi dans l'eau à peine frémissante (dès qu'ils remontent à la surface, ils sont cuits) : égouttez-les, et plongez-les dans de l'eau glacée, puis égouttez-les à nouveau et mettez-les dans la sauteuse avec les légumes ; laissez-les se réchauffer dans le jus, sur un feu doux ; poudrez-les de la moitié de parmesan, arrosez-les de vinaigre ; mélangez. Répartissez gnocchi, légumes, jambon et jus dans les assiettes. Poudrez de parmesan restant et... servez aussitôt.

TOURTES PASQUALINES AUX LÉGUMES

POUR 6 PERSONNES

POUR LA PÂTE

250 g de farine de blé blanche • 1,5 dl d'huile d'olive • 1/2 jaune d'œuf • 75 g d'eau • 1 pincée de sel.

POUR LES TOURTES À L'ŒUF DE CAILLE

100 g de courgettes fleurs • 100 g de vert de blette et d'épinard • 150 g de petits pois • 150 g de févettes • 2 artichauts violets • 2 oignons frais • 1 œuf • 30 g de parmesan râpé • 6 œufs de caille • 3 c. à s. d'huile d'olive • Sel • Poivre.

POUR LES TOURTES AUX COURGETTES

200 g de courgettes fleurs • 50 g de vert d'épinard • 1 blanc de poireau • 1 oignon frais • 1 œuf • 30 g de parmesan râpé • 3 c. à s. d'huile d'olive • Sel • Poivre.

POUR SERVIR

2 dl de jus de poulet (p. 19).

Préparez d'abord la pâte : versez la farine sur le plan de travail ; creusez un puits au centre ;

versez-y l'huile et l'eau; ajoutez le demi jaune d'œuf; poudrez de sel. Mélangez tous les éléments du bout des doigts en partant du centre, puis travaillez la pâte, très rapidement, jusqu'à ce qu'elle forme une boule. Enveloppez-la d'un torchon et laissez-la reposer 1 heure.

ASSOCIER LE CRU ET LE CUIT DANS UNE MÊME ASSIETTE POUR S'ÉTONNER DE LA TRANSFORMATION PAR LE FEU DU GOÛT DES ALIMENTS: UNE TOMATE CRUE FOURRÉE DE TOMATE CONFITE; UN CŒUR D'ARTICHAUT CRU ÉMINCÉ EN VINAIGRETTE ET UN AUTRE DORÉ À L'HUILE; DES FEUILLES DE BASILIC CRU CISELÉES PARFUMANT UN FILET DE LOUP PARSEMÉ DE FEUILLES ENTIÈRES FRITES.

Préparez la farce des tourtes à l'œuf de caille: écossez les petits pois et les févettes; détachez les fleurs des courgettes; émincez les fleurs en éliminant le pistil, râpez les courgettes; lavez les feuilles de blette et d'épinard, essorez-les, coupez-les en très fines lamelles; ne gardez des artichauts que les cœurs, râpez-les; pelez les oignons et émincez-les très finement. Mettez tous ces légumes, au fur et à mesure de leur préparation, dans un saladier. Ajoutez-y l'œuf, sel, poivre, 2 cuillères à soupe d'huile d'olive. Poudrez de parmesan; mélangez; couvrez le saladier.

Préparez la farce pour les tourtes aux courgettes dans un second saladier: détachez les fleurs des courgettes; lavez les courgettes; râpez-les finement, salez-les légèrement et laissez-les s'égoutter 15 minutes dans une passoire, puis pressez-les et mettez-les dans le saladier.

Lavez et essorez les épinards; coupez-les en très fines lamelles (chiffonnade) ainsi que les fleurs débarrassées des pistils; pelez l'oignon et émincez-le finement, ainsi que le blanc de poireau. Ajoutez ces légumes aux courgettes; arrosez-les de 2 cuillères à soupe d'huile d'olive; poivrez-les; cassez l'œuf dans le saladier; poudrez de parmesan; mélangez avec une spatule; couvrez le saladier.

Allumez le four, th. 7 (225°). Sur le plan de travail, abaissez la pâte au rouleau le plus finement possible. À l'aide d'un emporte-pièce de 12 cm de diamètre, découpez-y 24 disques: 12 pour les fonds, 12 pour les couvercles des tourtes.

Répartissez la farce à l'œuf de caille sur 6 disques; creusez un puits au centre; cassez-y un œuf de caille. Dans les 6 autres disques, répartissez, en dôme, la farce aux courgettes. Couvrez tous les disques de pâte farcis d'un second disque. Soudez les bords en les rabattant et en les pinçant entre les doigts.

Rangez les petites tourtes sur une plaque à pâtisserie antiadhésive; badigeonnez-les d'huile d'olive restante, au pinceau. Mettez-les au four pour 17 à 18 minutes, le temps qu'elles dorent légèrement.

Dressez deux petites tourtes différentes dans

Page 216 : « La terrasse du Louis XV la nuit. » Dès le printemps, la terrasse du Louis XV s'ouvre sur la façade du Casino, toile de fond faite de pierre, de bronze et de faïence, dont les couleurs changent à chaque heure du jour et qui, la nuit, lisérée de lumières, ajoute à la féerie des beaux soirs monégasques.

Ci-contre : « Artichaut épineux. »
Superbe, sculptural, très savoureux, l'artichaut épineux apparaît en janvier. Ses feuilles charnues, vert bronze, aux longues griffes dorées cachent un cœur tendre à la saveur douce et à la texture satinée, dont le foin est duvet. Cette somptueuse et trop rare fleur de la variété « Spinoso Sardo » disparaît en mai pour laisser place à l'artichaut violet, emblème de la Provence, que l'on cueille en boutons – les poivrades – pour les croquer crus, trempés dans l'inséparable condiment de la « bagna cauda », l'anchoïade.

« Salade du Printemps des Arts : une niçoise à la monégasque. » (Recette page 260). Harmonieuse composition d'herbes et de légumes crus et cuits, confits et marinés, mêlés de filets de thon, de chapons croustillants et d'œufs de caille, nappés d'une purée d'olives noires acidulée au vinaigre de Xérès et relevée d'ail, de câpres et d'anchois : cette printanière salade n'est pas une vraie niçoise mais une authentique monégasque, créée lors du premier « Printemps des Arts », un festival qui célèbre les œuvres d'art en les exposant dans les jardins de la ville.

chaque assiette ; faites chauffer le jus de poulet ; coulez-le autour, ainsi qu'un filet d'huile d'olive et... servez aussitôt. Vous pouvez aussi les accompagner d'une salade de mesclun à la vinaigrette enrichie de jus de poulet. Si vous décidez de ne préparer que les tourtes aux courgettes, accompagnez-les d'un œuf de caille frit, d'une croustillante tranche de lard grillé et, bien sûr, de mesclun.

FILETS DE ROUGETS DE ROCHE DU PAYS À LA TAPENADE, POMMES DE TERRE NOUVELLES ET RUBANS DE COURGETTES

Photo page 192

POUR 4 PERSONNES

10 rougets de roche de 120 g • 300 g de pommes de terre nouvelles • 3 courgettes de 100 g chacune • 200 g d'olives noires • 2 filets d'anchois salés • 2 feuilles de basilic • 1 gousse d'ail • 1 brin d'estragon • 1 brin de sauge • 1 petite botte de ciboulette • 1/2 c. à s. de vinaigre de Xérès • 1 dl de fond blanc (p. 17) • 1,5 dl d'huile d'olive • Sel • Poivre.

Écaillez les rougets ; rincez-les ; levez-en les filets et désarêtez-les à l'aide d'une pince à épiler. Badigeonnez-les d'huile d'olive et réservez-les au réfrigérateur. Préparez la tapenade – bien qu'elle ne comporte pas de câpres – « tapènes » – nous appelons cette purée d'olives acidulée au vinaigre de Xérès « tapenade »...

Dénoyautez les olives ; mettez-les dans le bol d'un robot avec les filets d'anchois, les feuilles de basilic, 2 pincées de sel, 6 pincées de poivre, 1 dl d'huile d'olive et le vinaigre. Mixez à grande vitesse jusqu'à obtention d'une fine purée. Réservez-la dans un bol.

Rincez les pommes de terre ; mettez-les dans une casserole et couvrez-les largement d'eau froide ; ajoutez la gousse d'ail, les brins de sauge et d'estragon et 1 cuillère à soupe de gros sel. Portez à ébullition ; laissez cuire à petits bouillons jusqu'à ce que la pointe d'un couteau transperce facilement les pommes de terre, puis égouttez-les.

Rincez les courgettes ; à l'aide d'un couteau économe prélevez sur les courgettes des rubans de pulpe et de peau, dans le sens de la longueur. Faites chauffer 1 cuillère à soupe d'huile d'olive dans une sauteuse de 24 cm ; ajoutez-y la moitié du beurre et, lorsqu'il a fondu, les rubans de courgettes. Faites-les très légèrement blondir à feu doux puis faites-les cuire al dente en ajoutant le fond blanc. Réservez-les au chaud. Faites chauffer 2 cuillères à soupe d'huile d'olive dans une poêle antiadhésive de 24 cm. Coupez les pommes de terre en rondelles de 1/2 cm, mettez-les dans la poêle ; faites-les blondir avec le beurre restant.

Dans une seconde poêle, faites dorer les filets de rouget côté peau, 1 minute, puis retournez-les 10 secondes et retirez-les du feu.

Répartissez les pommes de terre dans les assiettes ; posez les filets de rouget côté chair dessus ;

« Mosaïques, dans le hall d'entrée du musée. » Toute la décoration de l'entrée du musée océanographique est inspirée de thèmes marins : la « Princesse Alice », des poissons, des coquillages, des algues et des étoiles de mer sont représentés dans de précieuses mosaïques. Des conques sculptées dans la pierre ornent l'escalier qui donne accès au premier étage du musée. « Ce vaisseau ancré sur la côte avec des richesses extraites de tous les abîmes, je l'ai donné comme une arche d'alliance aux savants de tous les pays » déclara le Prince Albert Ier, le 23 janvier 1911, à l'occasion de l'inauguration de l'Institut océanographique de Paris.

« L'Agave et le bateau vus de Monaco-ville. » Aube diaphane vue de Monaco-ville : l'immobile navire aux saumons, bateau piscicole familier des Monégasques, flotte entre ciel et mer uniformément bleutés. À flanc de rocher, la silhouette d'un agave en fleurs jaillit d'entre les pierres : « l'admirable plante » – tel est son nom mythologique – venue du nouveau monde il y a cinq siècles, a pris racine sur les rivages méditerranéens dont elle protège les promontoires de l'éboulement.

entourez de rubans de courgettes. Déposez une petite cuillerée de tapenade sur chaque filet de rouget, parsemez de ciboulette ; ajoutez ça et là un peu de tapenade, nappez d'huile d'olive... et servez aussitôt.

TAPENADE

Photo page 195

POUR 6 À 8 PERSONNES

400 g d'olives noires du pays • 1 gousse d'ail • 2 filets d'anchois au sel • 8 feuilles de basilic • 2 dl d'huile d'olive.

Dénoyautez les olives ; pelez la gousse d'ail ; coupez-la en quatre et retirez-en le germe ; coupez les filets d'anchois – débarrassés de leurs arêtes et soigneusement rincés – en petits morceaux ; ciselez les feuilles de basilic. Mettez tous ces éléments dans le bol d'un mixeur et faites tourner l'appareil en versant l'huile d'olive en mince filet, jusqu'à obtention d'une crème ; versez-la dans un bocal, couvrez-la d'huile d'olive et réservez-la au réfrigérateur... si vous ne l'utilisez pas aussitôt pour assaisonner salades, pommes de terre grillées, filets de poissons poêlés, etc. Allongée d'huile d'olive, assaisonnée de poivre et, éventuellement, d'une goutte de vinaigre, cette tapenade sans « tapènes » – c'est le nom provençal des câpres – est le condiment idéal des jeunes légumes crus dans laquelle on les trempe avant de les croquer.

ASPERGES VERTES RÔTIES ET MORILLES ÉTUVÉES, FIN VELOUTÉ POUR LES SAUCER

Recette dédiée à Alain Chapel

Photo page 199

POUR 4 PERSONNES

40 grosses asperges vertes • 300 g de morilles fraîches • 30 g de parmesan râpé • 3 échalotes • 2 gousses d'ail • 1 c. à s. de jus de citron • 10 g de crème fouettée • 3/4 l de fond blanc (p. 17) • 80 g de beurre • Sel • Poivre.

Épluchez les asperges ; coupez la partie dure de la tige à 15 cm de la pointe ; faites cuire la partie dure à l'eau bouillante salée ; égouttez ; mixez ; tamisez ; réservez 40 g de cette fine purée d'asperge.

Confectionnez 8 bottillons de 5 asperges ; ficelez-les ; faites-les cuire à l'eau bouillante fortement salée jusqu'à ce que la pointe d'un couteau transperce facilement la tige. Égouttez-les sur un torchon.

Coupez le pied des morilles à quelques millimètres du chapeau.

Coupez en deux, longitudinalement, les plus grosses ; lavez-les à grande eau, deux à trois fois si nécessaire : les morilles contiennent souvent des grains de sable logés entre les alvéoles et même, parfois, des petits cailloux, nichés dans le chapeau... Égouttez-les ; épongez-les.

Pelez les échalotes et ciselez-les finement ; pelez les gousses d'ail et écrasez-les. Faites fondre

« Fleur de fenouil, à Courmes. »
Quand fleurit le fenouil sauvage, il répand dans la campagne un parfum anisé concentré dans ses tiges succulentes et ses grandes fleurs en ombelle, jaunes, donnant des graines au goût délicat, plus doux que celui des graines issues des fleurs blanches de l'anis. En Provence, les graines de fenouil parfument une liqueur digestive familiale, la « fenouillette » ; en Ligurie, mêlées à des grains de sel, elles parsèment la « focaccia salata », pain moelleux moulé dans une tourtière, nappé d'huile d'olive, que l'on fait cuire au four chaud sans le laisser dorer et que l'on mange tiède, à l'instar de la « pizza bianca » romaine, dont la recette, hormis le fenouil est identique... Quant aux tiges du « petit foin » – ainsi appelait-on le fenouil dans la Rome Antique et Apicius en faisait grand usage en le distinguant de l'anis – fraîches ou sèches, liées en bottillons, elles distillent dans les soupes et autres plats de poissons leur indispensable arôme méditerranéen.

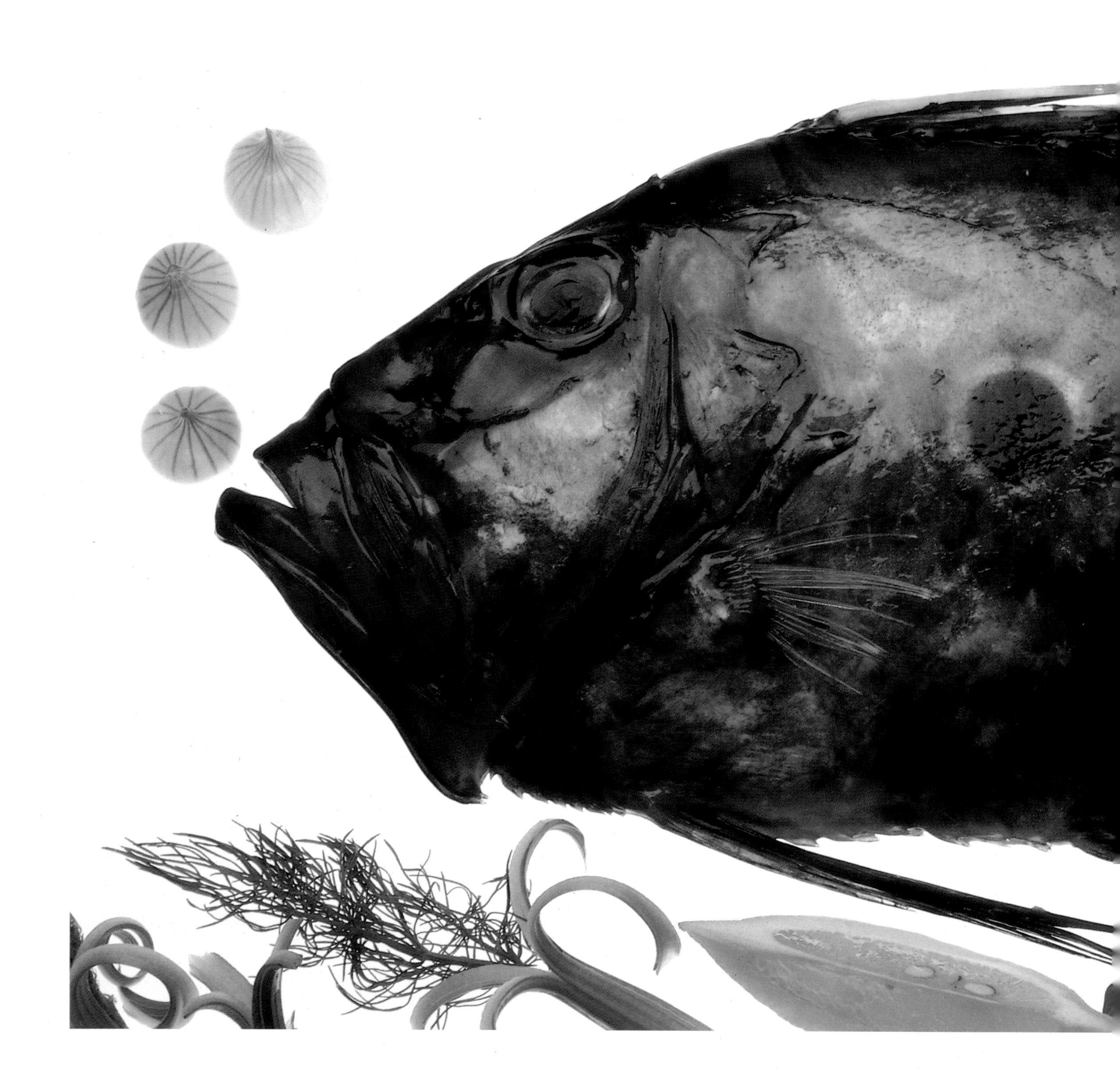

une noix de beurre dans une sauteuse de 24 cm ; ajoutez les échalotes et, 1 minute plus tard, les morilles et les gousses d'ail écrasées ; poivrez légèrement ; versez le fond blanc dans la sauteuse et laissez cuire les morilles à feu doux et à couvert, 15 minutes, en mélangeant de temps en temps. Versez les trois-quarts du jus de cuisson des morilles dans une casserole, en le filtrant ; faites-le réduire de moitié, à feu vif, puis ajoutez-y 20 g de beurre, la purée d'asperge, et le jus de citron. Réservez ce velouté au chaud, ainsi que les morilles. Déficelez les asperges.

Faites fondre le beurre restant dans deux sauteuses de 26 cm ; laissez-le mousser puis mettez la moitié des asperges dans chaque sauteuse ; roulez-les dans ce beurre, sur toutes leurs faces, jusqu'à ce qu'elles « rôtissent » légèrement, puis poudrez-les de parmesan.

> C'EST DANS LES CHAMPS, LES JARDINS, LES FILETS DE PÊCHE ET SUR LES MARCHÉS, QUE JE VAIS CHERCHER LES INDICES GOURMANDS DE MES PROCHAINS PLATS. LA CONCEPTION DE MES FUTURES RECETTES – CELLES QUI ME PASSIONNENT LE PLUS – COMMENCE LÀ.

Dressez les asperges dans quatre assiettes ; parsemez-les de morilles égouttées ; nappez le tout du jus de morilles très réduit. Mixez le velouté avec la crème, versez-le dans une saucière et... servez aussitôt.

BLANQUETTE DE TURBOTIN DE LIGNE AUX JEUNES LÉGUMES, ASPERGES SAUVAGES ET CHAMPIGNONS DES BOIS

Photo page 201

POUR 4 PERSONNES

1 turbotin de ligne de 1,6 kg, tronçonné en 4 • 20 très petites pommes de terre « grenaille » • 20 oignons grelots • 8 cébettes • 2 artichauts violets • 1 grosse tomate • 32 pointes d'asperges sauvages • 1 tête de cèpe moyenne • 12 morilles • 8 trompettes-des-morts • 100 g de petits pois écossés • 100 g de haricots verts fins • 12 carottes fanes • 1 dl de fond blanc (p. 17) • 1 dl de jus de veau (p. 19) • 2 c. à s. de crème fouettée • 2 brins de cerfeuil • 2 c. à c. de vinaigre balsamique • 150 g de beurre • 1 dl d'huile d'olive • 2 c. à s. de jus de citron • Sel • Poivre.

Grattez les pommes de terre ; lavez-les ; pelez les oignons grelots et les cébettes ; laissez les grelots entiers ; coupez les cébettes – la partie blanche seulement – en « sifflets » (tronçons obliques de 3 cm) ; jetez la partie verte. Ne gardez des artichauts que les cœurs ; émincez-les ; laissez-les tremper dans un bol d'eau additionnée de jus de citron. Plongez la tomate 10 secondes dans de l'eau bouillante puis dans de l'eau froide ; pelez-la ; coupez la pulpe en petits cubes (éliminez les graines). Équeutez les haricots verts, lavez-les ; grattez les carottes ; coupez les trop grandes fanes ; laissez les petites ; lavez-les ; coupez le bout terreux du pied des trompettes ; plongez-les 1 minute

Ci-dessus : « Pleine lune sur la Méditerranée. » À la pleine lune succède la lune noire qu'on appelle ici « vieille lune ». Ici, l'une et l'autre rythment la vie. Pêcheurs, vignerons, mouliniers, paysans, ne sortent pas en mer, ne soutirent pas le vin, ne transvasent pas l'huile, ne sèment pas, si la lune n'est pas jugée favorable. Planter des pommes de terre à la nouvelle lune signifie qu'elles seront grosses mais rares, alors qu'à la vieille lune elles seront petites mais abondantes. L'été, les salades pour l'hiver doivent être semées à la vieille lune, sinon, une fois repiquées, elles montent aussitôt en graines.

Pages 226-227 : « Saint-Pierre de la pêche locale du jour cuit entier comme on l'aime sur la Riviera, jus tranché un peu amer. » (Recette page264). Le Saint-Pierre de Méditerranée – Zeus Faber – a une silhouette préhistorique, avec son énorme tête prognathe, son immense nageoire dorsale prolongée par de longs filaments, sa peau épaisse dépourvue d'écailles. La légende raconte que les taches noires cerclées d'or qu'il porte sur ses flancs gris sont l'empreinte des doigts de Saint Pierre, qui l'ayant trouvé hurlant de détresse sur le rivage, pris de pitié, le remit à l'eau... Sa chair est blanche, ferme et satinée.
Cuit entier avec ses arêtes et sa peau qui donnent un jus onctueux,.parfumé de basilic, fenouil et citron, il est délicieux.

« Crépuscule sur la baie des Anges vue de la Turbie. » Sur la Côte d'Azur, quand le ciel est rouge au coucher du soleil, on craint du mistral pour le lendemain. En Italie, « le rouge du soir est espoir de beau temps » : « Rosso di sera, bel tempo si spera. »

dans de l'eau bouillante puis dans de l'eau froide; égouttez-les; coupez le pied des morilles à 5 mm du chapeau; lavez-les longuement; égouttez-les; épongez-les. Coupez la tête de cèpe en huit. Lavez les brins de cerfeuil; effeuillez-les, épongez-les.

Faites fondre une noix de beurre dans une sauteuse de 20 cm; ajoutez les morilles et 2 cuillères à soupe de fond blanc; laissez-les cuire 10 minutes à feu très doux et à couvert, puis ajoutez-y les trompettes; faites cuire 5 minutes de plus et retirez du feu.

Faites cuire à l'eau salée, jusqu'à ce qu'ils soient tendres, les oignons grelots et les pommes « grenaille » ; égouttez-les. Faites cuire al dente, à l'eau salée : haricots verts, asperges et petits pois (séparément); égouttez-les; plongez-les dans de l'eau glacée puis égouttez-les à nouveau à fond.

Faites chauffer la moitié de l'huile d'olive dans une poêle de 26 cm; faites-y dorer côté peau, à feu vif et sur les deux faces, les tronçons de turbotin; salez-les; réservez-les sur une grille. Allumez le four, th. 6 (200°).

Faites chauffer l'huile restante dans une cocotte en fonte de 33 cm ; ajoutez-y le beurre restant et lorsqu'il a fondu, faites-y blondir d'abord les oignons, puis les pommes de terre et les artichauts égouttés. Lorsque ces légumes sont bien dorés, mettez les tronçons de turbotin dans la cocotte, afin qu'ils continuent de cuire ; ajoutez les carottes, les cébettes et les cèpes.

Mélangez souvent et arrosez les morceaux de poisson de beurre mousseux et parfumé. Lorsque la chair du poisson perd presqu'entièrement sa nuance nacrée et devient opaque, sauf autour de l'arête centrale, retirez les morceaux de turbotin de la cocotte ; mettez-les sur une grille placée sur la lèchefrite, couvrez-les d'une feuille d'aluminium et glissez-les au four.

On Attend de moi que j'Invente, que j'Innove, que je Surprenne, même... que je Présente une Cuisine d'Apparat : ce que je Fais avec Passion, mais sans Jamais Perdre Contact avec la Cuisine du terroir, Paysanne ou Marinière, que j'Affectionne, et qui me Sert, en quelque sorte, de Point de Repère.

Ajoutez dans la cocotte les morilles et les trompettes avec leur jus; versez le fond blanc et le jus de veau dans la cocotte; portez à ébullition; laissez cuire trois minutes environ, le temps que les légumes soient juste tendres. Ajoutez-y alors haricots verts, petits pois, asperges et dés de tomates. Salez. Poivrez.

Ajoutez le vinaigre et, 30 secondes plus tard, incorporez la crème fouettée. Mélangez.

Retirez les tronçons de turbotin du four ; dressez-les dans les assiettes; entourez-les de légumes; nappez le tout de jus crémé acidulé, parsemez de cerfeuil et... servez aussitôt.

Page 232 : « Gamberone du Golfe de Gênes. » En italien, « gambero » signifie « crevette », « gamberone », « grosse crevette ». Ce magnifique spécimen de l'espèce « Plesionika Edwardsii » a été pêché dans les eaux du Golfe de Gênes, par 400 mètres de fond. Cette « crevette profonde », d'un rouge corail intense, portant des œufs bleu turquoise est pêchée dans des nasses blanches – dont les mailles ne retiennent que des sujets adultes – calées et relevées journellement. Cette crevette qui mesure de 18 à 25 cm, dont la beauté et la saveur sont exceptionnelles, est encore peu connue bien que très prolifique, car elle peut vivre de 80 à 700 mètres de profondeur.

Ci-contre : « Escalier du 3 boulevard d'Italie, à Monte-Carlo. Détail. » Monte-Carlo est toute en escaliers, grimpant le long des cañons qui coupent la ville en blocs aux pans abrupts reliés par des viaducs. Au 3 boulevard d'Italie, le grand escalier ocre est orné de balustres en faïence bleue, et de pots du même bleu, où fleurissent des géranimums rouges.

« Le chiffre de pierre de Monte-Carlo. »
Le chiffre de Monte-Carlo est gravé dans la pierre des balustrades, dans les jardins du Casino.

PAVÉS DE LOUP CROUSTILLANTS, TOMATES CONFITES AUX OLIVES DE NICE, PANISSES ET BASILIC FRITS

Photo page 202

POUR 4 PERSONNES

4 pavés de loup de Méditerranée, écaillés, avec leur peau, de 160 g chacun • 20 copeaux de tomate confite (p. 280) chauds • 20 olives de Nice • 32 feuilles de basilic • 1 litre d'huile d'arachide • 1 dl d'huile d'olive • 150 g de beurre • 1 c. à s. de vinaigre vieux • Gros sel de Guérande • Sel • Poivre.

POUR LES PANISSES

170 g de farine de pois chiches • 5 cl d'huile d'olive • Sel.

Préparez d'abord les panisses : mettez la farine dans une casserole de 18 cm ; versez lentement 1/2 litre d'eau froide, en tournant; ajoutez l'huile et deux pincées de sel. Faites cuire cette préparation sur un feu vif, en la tournant sans cesse avec un fouet, pendant 15 minutes Versez la pâte obtenue sur une plaque à pâtisserie huilée, étalez-la sur une épaisseur de 1,5 cm, à l'aide d'une spatule puis couvrez-la d'une seconde plaque huilée et pressez dessus, afin d'obtenir une épaisseur de 1 cm. Mettez les plaques au frais, avec un poids dessus, et laissez prendre la pâte plusieurs heures avant de la découper en 12 bâtonnets de 8 cm de long.

Faites fondre 100 g de beurre dans une petite casserole, laissez-le cuire jusqu'à ce qu'il blondisse, puis mettez la casserole dans de la glace pour arrêter la cuisson du beurre noisette ; ajoutez-y le vinaigre, sel et poivre, en fouettant. Lorsque le beurre est presque froid, retirez-le de la glace.

Répartissez les copeaux de tomate confite dans des assiettes chaudes. Dénoyautez les olives de Nice et mettez-en une au centre de chaque copeau de tomate.

Faites chauffer l'huile d'arachide dans une bassine à friture ; plongez-y les panisses, retirez-les à l'aide d'une écumoire lorsqu'ils sont croustillants et réservez-les sur du papier absorbant.

Faites chauffer la moitié de l'huile dans une poêle de 26 cm ; faites-y dorer les pavés de loup, côté peau d'abord ; jetez l'huile , ajoutez le beurre restant dans la poêle ; lorsque la peau du poisson est très croustillante, retournez les pavés et laissez-les cuire 30 secondes côté chair : au centre, ils doivent rester nacrés.

Posez un pavé de loup au centre de chaque assiette et disposez les panisses sur le poisson, en les faisant se chevaucher Faites chauffer 1 litre d'huile dans une bassine à friture, jusqu'à ce qu'elle frémisse (l'huile ne doit pas dépasser 180°).

Plongez les feuilles de basilic dans l'huile de friture chaude ; retirez-les au bout de 20 secondes, à l'aide d'une écumoire. Parsemez-en le poisson et sa garniture. Faites réchauffer le beurre noisette et versez-le autour du poisson ; nappez d'huile d'olive restante ; poudrez de quelques grains de gros sel... et servez aussitôt.

F. PAUL RIBERI
GRAND ENTREPOT
D'ŒUFS, VOLAILLES
ET FRUITS
TELEPHONE
19
VILLA
RIBERI

Page 237 : « La villa Riberi, à Monte-Carlo. » Au 19 boulevard d'Italie, à Monte-Carlo, l'enseigne du « Grand entrepôt d'œufs, volailles et fruits » est gravée dans la pierre ocre.

Ci-contre : « La cascade de Courmes, dans les gorges du Loup. » Dans son court trajet vers la Méditerranée, le Loup arrose Villeneuve-Loubet, haut-lieu de la gastronomie, qui abrite le « musée de L'Art culinaire », installé dans la maison natale d'Auguste Escoffier... le fougueux torrent qui prend sa source à 1300 mètres d'altitude dans les Préalpes de Grasse, taille dans les montagnes une vallée toute en gorges d'où s'élancent des cascades, comme la « cascade de Courmes », légère et fine, tombant d'une hauteur de 40 mètres sur un lit de mousse.

LOUP DE MÉDITERRANÉE POÊLÉ AU POIVRE DU SÉCHUAN, TOMATES CONFITES ET OLIVES PITCHOULINES

Photo page 205

POUR 4 PERSONNES

1 loup de 1,2 kg • 4 copeaux de tomate confite (p. 280) • 300 g d'olives pitchoulines noires • 8 brins de basilic • 3 échalotes • 1 c. à s. de poivre du Sécluan • 2 c. à c. de vinaigre de Xérès • 2 c. à c. de vinaigre balsamique • 1/2 c. à s. de vin blanc • Gros sel et fleur de sel de Guérande • 150 g de beurre • 1 c. à s. d'huile d'olive • Poivre du moulin.

Écaillez le loup; videz-le; levez-en les filets, désarêtez-les et retirez-en la peau. Découpez dans chaque filet deux pavés d'environ 160 g chacun. Réservez les peaux.

Dénoyautez les olives. Coupez les copeaux de tomate confite en quatre. Mettez un bol dans un saladier contenant des cubes de glace. Faites fondre 125 g de beurre dans une casserole et laissez-le cuire jusqu'à ce qu'il prenne une couleur noisette puis versez-le dans le bol (à travers une passoire très fine) afin d'en arrêter la cuisson. Fouettez le beurre jusqu'à ce qu'il tiédisse puis assaisonnez-le de sel et de poivre et ajoutez-y 1 cuillère à café de vinaigre de Xérès et 1 cuillère à café de vinaigre balsamique; mixez-le dans un robot et réservez-le dans le bol. Effeuillez le basilic Ciselez-en les feuilles. Réservez les tiges. Pelez les échalotes et hachez-les menu; mettez-les dans une petite casserole avec le vin blanc, les vinaigres restants et les tiges de basilic. Posez la casserole sur un feu doux; laissez s'évaporer vin et vinaigre; retirez du feu; jetez les tiges de basilic.

Piquez les peaux des filets avec la pointe d'un couteau pour éviter qu'elles ne rétrécissent à la cuisson. Huilez d'un seul côté, deux plaques à pâtisserie rondes (24 cm de diamètre). Découpez dans la peau du poisson des rectangles de 3 x 5 cm et rangez-les sur une des deux plaques, sur le côté huilé; posez la seconde plaque dessus, côté huilé sur les peaux de loup. Placez les deux plaques emprisonnant les lamelles de peau sur une source de chaleur plutôt vive. Laissez cuire 10 minutes environ: vérifiez, en fin de cuisson, que les lamelles de peaux sont bien sèches et ont pris des reflets de bronze. Réservez-les sur une grille.

Concassez grossièrement le poivre du Séchuran, dans un mortier. Assaisonnez les filets de loup de sel et de poivre; faites chauffer l'huile d'olive dans une poêle et faites-y dorer, rapidement, sur leurs deux faces, les filets de poisson; jetez cette huile et remplacez-la par les 25 g de beurre restants pour terminer la cuisson du poisson, à feu plus doux.

Mettez les tomates et les olives dans la casserole contenant les échalotes, ainsi qu'1/3 du beurre acidulé. Faites réchauffer le tout. Ajoutez le basilic ciselé, salez, poivrez. Répartissez les trois-quarts de cette garniture dans les assiettes; posez les filets de loup dessus. Faites chauffer le beurre acidulé restant en le fouettant

« Vue générale de la salle d'océanographie appliquée du musée »
Écaille, éponges, nacre, perles, coraux, plus de 10000 espèces sont classées dans des vitrines. L'une d'elles, baptisée « la vitrine de Paul Valéry », contient des coquillages sectionnés pour mieux montrer leur beauté. « Le coquillage, écrivait le poète – dans un texte intitulé "l'homme et la coquille" – ignorera toujours toute la beauté de son œuvre et de sa retraite. Après sa mort, la substance exquise qu'il a formé verra le jour et nous enchantera les yeux par la tendre richesse de ses plages irisées. »

« La Condamine, vue de la digue. »
Trait d'union entre le Rocher de Monaco et Monte-Carlo, la Condamine est bordée d'une promenade aménagée par le prince Albert Ier, où le prince Rainier III a ajouté une piscine. Dans le port sont amarrés yachts, bateaux de plaisance et de pêche. La Condamine est séparée de Monte-Carlo par un vallon au fond duquel se trouve l'église Sainte Dévote, patronne de la principauté.

très vivement pour l'émulsionner; ajoutez-y la garniture restante puis nappez-en les filets de loup. Disposez sur chacun d'eux quatre lamelles de peau croustillante, parsemez de quelques grains de gros sel... et servez aussitôt.

BARBAJUANS D'ÉTÉ

POUR 8 PERSONNES

100 g d'oignons blancs pelés • 150 g de vert et blanc de poireaux pelés • 500 g de vert de blettes • 500 g d'épinards • 250 g de ricotta • 50 g de parmesan râpé • 4 c. à s. d'huile d'olive • 2 œufs • Sel • Poivre.

POUR LA PÂTE

400 g de farine de blé blanche • 1 dl d'huile d'olive • 1 œuf • 1/8 l d'eau • 1/2 c. à c. de sel de mer fin.

POUR LA CUISSON

1 1/2 l d'huile d'arachide ou d'olive non fruitée.

Préparez d'abord la pâte: mélangez tous les ingrédients dans le bol d'un robot ou sur le plan de travail, jusqu'à ce que la pâte forme une boule; glissez-la dans un sachet en plastique et laissez-la reposer 1 heure au réfrigérateur. Pendant ce temps, préparez la farce: émincez les oignons et les poireaux; faites-les cuire ensemble, jusqu'à ce qu'ils soient tendres, mais sans les faire dorer, dans une poêle, avec 2 cuillères à soupe d'huile d'olive; égouttez-les. Lavez les feuilles de blettes (débarrassées de toutes les nervures); faites-les cuire à l'eau bouillante salée; égouttez-les à fond puis hachez-les au couteau. Débarrassez les épinards de leurs tiges; lavez-les; faites-les cuire et préparez-les comme les blettes. Mettez ces légumes dans une terrine; ajoutez-y la ricotta, les deux œufs, l'huile d'olive restante, le parmesan, sel et poivre. Mélangez vivement avec une spatule. Réservez la préparation au frais.

Lorsque la pâte a reposé, abaissez-la très finement, soit au rouleau à pâtisserie, soit au laminoir. Déposez sur la pâte des petits tas de farce gros comme une petite noix; mouillez la pâte tout autour de la farce et repliez la pâte dessus comme pour former des ravioli. Coupez la pâte au couteau autour de la farce. Réservez les barbajuans sur des plateaux très légèrement farinés; si vous ne devez pas les faire cuire aussitôt, réservez-les au réfrigérateur.

Juste avant de servir, faites chauffer l'huile dans une bassine à friture; lorsqu'elle frémit, plongez-y les barbajuans, six par six, et retirez-les du bain de friture à l'aide d'une écumoire lorsqu'ils sont bien dorés et gonflés. Égouttez-les sur du papier absorbant puis dressez-les dans un plat creux tapissé d'une serviette ou dans une corbeille, et servez-les bien chauds, à l'apéritif...

La farce de cette délicieuse spécialité monégasque varie beaucoup suivant les goûts et les saisons: celle-ci est une formule commune à Monaco et à la Ligurie où l'on prépare des ravioli appelés « Pansooti », que l'on fait frire ou pocher...

PETITS FARCIS D'ÉTÉ AU COULIS DE TOMATE CRU

POUR 8 PERSONNES

8 fleurs de courgette « mâles » • 8 courgettes rondes de 60 g chacune • 8 tomates de 50 g chacune • 8 artichauts violets cuits en barigoule (p. 213) • 8 oignons blancs de 40 g chacun.

POUR LA FARCE

150 g d'oignons blancs hachés menu • 250 g de courgettes (avec peau) hachées menu • 1 gousse d'ail hachée menu • 50 g de parmesan râpé • 1 jaune d'œuf • 2 c. à c. de persil ciselé • 1 c. à c. de basilic ciselé • 1 c. à s. de cerfeuil ciselé • 8 feuilles de basilic • 1/2 c. à s. de purée d'olives noires • 20 copeaux de tomate confite (p. 280) • 1 dl d'huile d'olive • Sel • Poivre.

POUR LE COULIS

200 g de tomates très mûres • 10 feuilles de basilic • 1 c. à s. de persil concassé • 1 c. à s. de cerfeuil concassé • 1/2 c. à s. d'estragon ciselé • 2 c. à c. de concentré de tomate • 2 c. à s. de vinaigre de Xérès • 1,5 dl d'huile d'olive • Quelques gouttes de Tabasco • Sel • Poivre.

Préparez d'abord la farce des fleurs : faites chauffer 2 cuillères à soupe d'huile d'olive dans une sauteuse de 20 cm ; jetez-y 100 g d'oignons blancs, 150 g de courgettes et la gousse d'ail hachés ; faites « tomber » ces légumes à feu doux, c'est-à-dire : faites-les cuire sans les laisser dorer, jusqu'à ce qu'ils soient tendres et ne rendent plus d'eau ; salez-les ; poivrez-les ; retirez la sauteuse du feu et laissez refroidir avant d'ajouter le parmesan râpé, 1 cuillère à café de persil ciselé, 1 cuillère à café de basilic ciselé, 1 cuillère à café de cerfeuil ciselé, le jaune d'œuf et 1 cuillère à soupe d'huile d'olive, et de mélanger intimement, avec une spatule. Allumez le four th. 6 (200°). Ôtez le pistil des fleurs, garnissez chacune d'elles de 1/8 de la préparation contenue dans la sauteuse, refermez les pétales sur la farce ; huilez un plat à four en terre ; disposez les fleurs farcies dans le plat, tige vers le haut – elles prendront la forme d'une clochette – versez 1 dl d'eau dans le plat ; nappez les fleurs d'un filet d'huile d'olive et glissez le plat au four pour 18 minutes
Faites cuire les courgettes à l'eau salée, jusqu'à ce que la pointe d'un couteau les transperce facilement, puis plongez-les dans de l'eau glacée pour préserver leur couleur verte. Retirez à chacune d'elles, côté tige, un petit chapeau de 1 cm de haut ; creusez l'intérieur à l'aide d'une cuillère parisienne ou d'une cuillère à moka, jusqu'à 1 cm de la peau. Préparez leur farce : faites chauffer 1 1/2 cuillère à soupe d'huile d'olive dans la sauteuse de 20 cm ; faites-y cuire les 50 g d'oignons restants et les 100 g restants de courgettes ; salez ; poivrez ; lorsque ces légumes sont cuits ajoutez-y le reste de cerfeuil concassé et garnissez-en l'intérieur des courgettes ; couvrez-les de leur chapeau.
Pelez les oignons blancs ; faites-les cuire al dente à l'eau bouillante salée ; retirez à chacun d'eux, côté pointu, un petit chapeau de 1 cm ; retirez l'intérieur pour ne laisser qu'1/2 cm d'épaisseur ; hachez-le finement, ajoutez-y 50 g de tomate confite hachée et 1 cuillère à café de persil ciselé, sel, poivre ; farcissez les

Page 243 : « Pâtes imprimées d'herbes. » (Recette page 273). Étranges silhouettes et saveurs exquises des fines herbes insérées entre deux abaisses de pâte très finement laminées.

Ci-contre : Juste après Menton, « I Balzi Rossi », « les Roches rouges » du cap Mortola dominé par la villa Hanbury et ses magnifiques jardins, avancent vers la mer... Des fouilles réalisées en 1872 avec l'aide du prince Albert Ier, dans les grottes de Grimaldi, à la frontière italienne, attestent de la présence humaine en ces lieux, dès le paléolithique supérieur ; elles permirent la découverte de « l'homme de Menton » cousin de « l'homme de Cro-Magnon » et de son ancêtre, « l'homme de Grimaldi ».

« Chèvre frais sur tartine. »
Au Louis XV, Alain Ducasse présente des assiettes composées d'un assortiment de fromages de chèvre frais, qu'il accompagne de févettes écossées – douces dans leur robe tendre et leur petit chapeau légèrement amer – et de copeaux de céleri en branche, poudre de poivre du Séchuan – « poivre-fleur » dont le parfum de zeste d'orange séché s'avère très couleur locale – et nappe d'huile d'olive « Biancardo ». Cette composition peut être dressée sur une tranche de pain de campagne pour être dégustée comme casse-croûte.

oignons de cette préparation et couvrez-les de leur chapeau. Creusez le cœur des artichauts à l'aide d'une cuillère parisienne ; hachez-le en le mélangeant à la purée d'olive, puis remplissez les cœurs de ce mélange.

Pelez les tomates après les avoir plongées dans de l'eau bouillante puis dans de l'eau froide en leur laissant le pédoncule. Coupez-leur un chapeau ; videz-les ; farcissez-les de tomates confites restantes coupées en fines lamelles et mêlées aux 4 feuilles de basilic en très fines lamelles ; couvrez-les de leur chapeau.

Préparez le coulis de tomate : coupez les tomates en quatre ; mettez-les dans le bol d'un robot avec le reste des ingrédients. Mixez 2 minutes à grande vitesse pour obtenir une émulsion ; filtrez-la à travers une passoire fine.

Faites tiédir tous les légumes au four puis répartissez-les dans les assiettes ; avant de les dresser, coupez les artichauts en deux verticalement et croisez leurs tiges dans les assiettes ; versez le coulis autour des légumes ; parsemez-les de mesclun vinaigrette et... servez aussitôt.

DENTELLES DE PARMESAN

Photo page 209

POUR 10 À 12 « DENTELLES »

100 g de parmesan • 1 c. à s. de farine de blé blanche.

Râpez finement le parmesan, de façon à obtenir des flocons poudreux plutôt que des copeaux. Mettez-le dans un saladier ; poudrez-le de farine ; mélangez bien ; passez au tamis fin.

Faites chauffer une petite poêle antiadhésive sur un feu doux ; parsemez-en le fond de parmesan : au contact de la chaleur, le fromage fond et forme une sorte de dentelle. Avant qu'elle ne dore, soulevez-la à l'aide d'une spatule souple et laissez-la sécher sur un rouleau à pâtisserie ou une bouteille couchée sur le plan de travail...

Procédez de la même manière pour les « dentelles » suivantes. Il n'est pas nécessaire de les confectionner au dernier moment. Fragiles, certes, ces croustillantes tuiles de fromage se conservent plusieurs heures à température ambiante, sur un plateau.

GRECQUE GLACÉE DE LÉGUMES D'ÉTÉ

POUR 4 PERSONNES

200 g de fenouils • 100 g d'oignons grelots • 200 g de courgettes • 100 g de petits champignons de Paris • 2 artichauts violets • 2 tomates de 100 g chacune • 4 gousses d'ail • 2 feuilles de laurier • 20 g de graines de coriandre • 20 g de poivre en grains • 1,5 dl d'huile d'olive • 2 c. à s. de vinaigre de Xérès • 1/4 l de vin blanc • 6 à 7 dl de fond blanc (p. 17) • 2 c. à s. de jus de citron • Sel • Poivre.

Pelez les oignons grelots ; ôtez le pédoncule des tomates ; plongez-les 10 secondes dans de

« Le Rocher de Monaco surplombant la mer. » Au centre de l'image, la cathédrale en pierre blanche de la Turbie, autour de laquelle se serre la vieille ville, avec ses rues coupées de petites places ombragées ; à droite, en amorce, la place du Palais, avec vue sur la Côte d'Azur et le Cap d'Ail, baignés de Méditerranée dont Victor Hugo disait : « C'est la mer illustre et rayonnante, éclairée à la fois, et dans tous ses recoins, par l'histoire et par le soleil. Toutes ses rives ont fait quelque chose et savent ce qu'elles ont fait. »

l'eau bouillante puis dans de l'eau froide ; découpez dans chacune d'elles 4 copeaux (en partant du pédoncule et en allant vers le bas, détachez la pulpe et une partie des cloisons ; ôtez-en les graines ; jetez l'intérieur).

ART ÉPHÉMÈRE, LA CUISINE EST UN TRAVAIL DE CHAQUE JOUR OÙ LA RÉPÉTITION EST UNE QUALITÉ – MAÎTRISE – ET UN DANGER – ROUTINE. S'IL FAUT TRAVAILLER LES GESTES TECHNIQUES JUSQU'À LA PERFECTION, C'EST AUSSI POUR EN CHANGER, LE MOMENT VENU, ET EN INVENTER D'AUTRES.

Coupez le bout terreux du pied des champignons ; coupez-les en deux ou en quatre. Coupez les fenouils en quartiers, les courgettes en deux verticalement puis encore en deux dans le sens de la largeur. Pelez les gousses d'ail. Ne gardez des artichauts que les cœurs ; coupez-les en quatre ; mettez-les dans un bol avec le jus de citron ; couvrez-les d'eau.
Allumez le four, th. 6 (200°).
Lavez tous les légumes et égouttez-les. Faites chauffer l'huile d'olive dans une cocotte de 26 cm ; faites-y dorer les légumes à feu modéré, sans cesser de les tourner ; arrosez-les de vinaigre et, lorsqu'il s'est évaporé, de vin blanc ; laissez le vin s'évaporer et versez le fond blanc dans la cocotte : il doit couvrir les légumes à hauteur ; ajoutez les graines de coriandre et les grains de poivre. Salez. Couvrez les légumes d'une feuille de papier sulfurisé du diamètre de la cocotte et glissez-la au four. Laissez cuire 25 minutes Laissez les légumes refroidir puis mettez-les au réfrigérateur. Servez-les en entrée, glacés, parsemés d'une chiffonnade de basilic, tels quels ou accompagnés – comme au Louis XV – de palerons de lapin farcis aux herbes et confits dans de la graisse de canard servis froids, et d'ailerons de volaille garnis de la même farce et servis chauds, le tout parsemé de petits dés de tomate confite.

CÔTE DE VEAU DE LAIT FERMIER SUR UN GRATIN DE LÉGUMES À L'AIL NOUVEAU

Photo page 212

POUR 4 PERSONNES

1 côte de veau de lait fermier de 1 kg • 100 g de parures de veau • 5 gousses d'ail nouveau (avec leur peau) • 4 cébettes entières (pelées) • 160 g de cébettes pelées coupées en « sifflets » de 3 cm • 100 g d'oignons émincés • 200 g de jeunes carottes pelées coupées en rondelles obliques de 3 mm • 200 g de petites pommes de terre nouvelles pelées, coupées en rondelles de 4 mm • 150 g de jeunes pois gourmands effilés • 3/4 l de fond blanc (p. 17) • 2 dl de jus de veau (p. 19) • 1,5 dl d'huile d'olive • 50 g de parmesam râpé • 200 g de beurre • Sel • Poivre.

« Croustillants millefeuille de pommes de terre garnis de tendres légumes sautés à cru et de dentelles de parmesan ». (Recette page 274). Ce faux millefeuille composé de géantes lamelles de pommes de terre, translucides et croustillantes, est fourré de très jeunes légumes dont la cuisson rapide à l'huile d'olive exalte la fraîche saveur, et de tomate confite dont la suavité est soulignée par des fines herbes... Le tout est nappé d'une vinaigrette arrondie de jus de veau : savoureux contrastes.

Ci-contre : « Soupe de légumes de Provence au pistou ». (Recette page 277). Un bouquet de légumes du terroir cuits dans un bouillon de légumes : une soupe qui embaume le basilic... Fraîche et légère elle ne comporte pas les traditionnelles pâtes, et le classique « fromage rouge » de la recette niçoise est remplacé par du parmesan.

Page 254 : « Soupe passée de cosses de petits pois et de févettes et de fanes de radis, mouillettes aillées au jus de jambon. » (Recette page 278). Les cosses et les fanes des légumes cultivés naturellement recèlent des goûts intenses et des parfums frais de jardin, d'herbe, de chlorophylle... et, plus encore une matière que les graines ou les fruits ne contiennent pas, comme celle des cosses des févettes, par exemple, avec leur partie verte satinée, leur partie blanche veloutée qui donnent à la soupe une surprenante onctuosité ; à condition de les utiliser sans les laver : une seule goutte d'eau sur les cosses des févettes noircit irrémédiablement la soupe.

Allumez le four th. 6 (200°). Faites bouillir de l'eau dans une grande casserole ; salez-la ; plongez-y les pois gourmands ; laissez-les cuire 2 minutes puis plongez-les dans de l'eau glacée et égouttez-les.

Faites chauffer 5 cuillères à soupe d'huile d'olive dans une sauteuse de 26 cm ; ajoutez-y 75 g de beurre et lorsqu'il a fondu, les cébettes coupées en « sifflets » (bâtonnets obliques), oignons, carottes, pommes de terre et 4 gousses d'ail. Salez. Poivrez. Faites blondir les légumes en les tournant souvent puis couvrez-les de fond blanc. Versez le contenu de la sauteuse dans un plat à four et glissez-le au four chaud. Laissez les légumes cuire, 20 minutes environ, en les arrosant souvent de fond blanc, pour éviter qu'ils ne se dessèchent.

Lorsque les légumes sont tendres et leur jus réduit, ajoutez-y les pois gourmands. Mélangez. Salez et poivrez si nécessaire ; poudrez de parmesan. Mélangez. Réservez le plat au chaud, couvert d'une feuille d'aluminium.

Faites chauffer sur feu moyen 5 cuillères à soupe d'huile d'olive ; ajoutez-y 75 g de beurre et lorsqu'il a fondu, posez la côte de veau dans la sauteuse ; entourez-la des parures de veau, des cébettes entières et de la gousse d'ail restante. Faites cuire la côte de veau 10 minutes de chaque côté, en surveillant la cuisson, et en ne la retournant qu'une seule fois pendant la cuisson. Lorsqu'elle est cuite, posez-la sur une grille placée au-dessus de la lèchefrite du four.

Jetez le gras de cuisson de la côte de veau. Versez du fond blanc – 2 dl environ– dans la sauteuse ; laissez-le réduire puis versez le jus de veau. Laissez mijoter 5 minutes puis passez le contenu de la sauteuse au chinois, au-dessus d'une casserole pour récupérer le jus ; salez et poivrez. Réservez au chaud.

Faites légèrement gratiner les légumes au gril du four ; versez le jus rendu par la côte de veau dans la casserole puis glissez la lèchefrite au four chaud pour y faire réchauffer la viande 3 minutes. Posez la côte de veau sur le gratin... et portez-la à table avec son jus à part.

PÂTES À LA FAÇON DU MOULINIER

Photo page 215

POUR 4 PERSONNES

400 g de « penne » • 100 g de cébettes épluchées • 100 g d'oignons pelés • 200 g de tomates • 100 g de pommes de terre • 8 brins de basilic • 1 gousse d'ail • 100 g de parmesan râpé • 1 litre de fond blanc (p. 17) • 100 g de beurre • 2 dl d'huile d'olive • Sel • Poivre.

Coupez les cébettes en tronçons de 3 cm (sifflets). Émincez les oignons. Pelez les tomates et coupez-les en dés. Pelez les pommes de terre et coupez-les en rondelles d'1/2 cm. Pelez la gousse d'ail. Effeuillez le basilic ; coupez les feuilles en lanières de 1/2 cm (chiffonnade), froissez les tiges.

Faites chauffer la moitié de l'huile dans une sauteuse en cuivre de 24 cm ; ajoutez-y le

beurre et lorsqu'il a fondu, les cébettes, les oignons, les tomates et les pommes de terre ; faites très légèrement blondir le tout, en tournant avec une spatule ; ajoutez les « penne », mélangez, salez et poivrez légèrement ; ajoutez la gousse d'ail et les tiges de basilic. Mélangez. Laissez mijoter tranquillement en mouillant au fur et à mesure avec du fond blanc. Lorsque les pâtes sont cuites al dente, retirez la gousse d'ail et les tiges de basilic et poudrez de parmesan le contenu de la sauteuse, en tournant délicatement ; arrosez de la moitié de l'huile restante ; ajoutez la chiffonnade de basilic ; mélangez longuement et délicatement.
Répartissez le contenu de la sauteuse dans des assiettes creuses en prenant soin de répartir les couleurs et de mélanger pâtes et garniture. Nappez d'un dernier filet d'huile d'olive et... servez aussitôt.

CANNELLONI D'HERBES AUX ARTICHAUTS ÉPINEUX

POUR 6 PERSONNES

POUR LA PÂTE

300 g de farine de blé blanche • 3 œufs • 3 c. à s. d'huile d'olive • 3 pincées de sel de mer fin.

POUR LA FARCE ET LA CUISSON

250 g de pousses d'épinard • 125 g de mesclun • 60 g de roquette, de préférence sauvage • 6 feuilles de chicorée amère • 60 g de pourpier • 12 brins de cerfeuil • 1 jaune d'œuf • 100 g de parmesan râpé • 3 dl de bouillon de volaille (ou de consommé) • 1 gousse d'ail • 3 pincées de noix muscade râpée • 60 g de beurre • 5 c. à s. d'huile d'olive • Sel • Poivre.

POUR LA GARNITURE

6 artichauts épineux • 3 c. à s. d'huile d'olive • 2 dl de jus de poulet rôti • Sel • Poivre.

Préparez d'abord la pâte : mettez tous les éléments dans le bol d'un robot. Faites tourner l'appareil jusqu'à ce que la pâte soit lisse et homogène et forme une boule. Enveloppez la pâte de film adhésif et laissez-la reposer 1 à 2 heures au réfrigérateur...
Étalez la pâte le plus finement possible (position 10 du laminoir) et découpez-la en rectangles de 6 x 8 cm. Plongez les rectangles de pâte 6 par 6 dans de l'eau bouillante salée, retirez-les au bout de 30 secondes et plongez-les dans de l'eau glacée. Couvrez d'un torchon une plaque à pâtisserie ; poudrez-le de parmesan et posez les rectangles de pâte dessus. Réservez au réfrigérateur.
Préparez la farce : lavez les herbes et les salades ; essorez-les. Réservez-en 1/3 pour les mêler aux artichauts. Pelez la gousse d'ail et piquez-la sur une fourchette.
Faites chauffer 2 cuillères à soupe d'huile dans une sauteuse de 26 cm ; jetez-y les herbes et faites-les cuire 5 minutes, juste pour les faner, en les tournant avec la fourchette piquée d'ail. Égouttez-les en les pressant. Laissez-les refroidir

puis hachez-les très finement dans le bol d'un robot ; mettez la purée d'herbes obtenue dans une grande terrine ; ajoutez le jaune d'œuf, la cuillerée d'huile d'olive restante, noix muscade, sel, poivre et 25 g de parmesan. Mélangez. Glissez cette préparation dans une poche munie d'une douille lisse de 1,5 cm de diamètre. Sur le bord des rectangles de pâte, et sur le plus petit côté, étalez un boudin de farce. Roulez la pâte sur la farce. Beurrez un grand plat à gratin pouvant contenir tous les cannelloni. Rangez les cannelloni dans le plat ; mouillez-les aux deux-tiers de leur hauteur, de bouillon ou de consommé ; poudrez-les de parmesan râpé.

Allumez le four, th. 6 (200°) ; lorsqu'il est chaud, glissez-y le plat. Laissez cuire les cannelloni 10 minutes puis faites-les gratiner 5 minutes environ.

Pendant la cuisson des cannelloni, préparez les artichauts : débarrassez-les des feuilles les plus dures ; coupez les tendres à 2 cm du cœur ; parez les cœurs en laissant 2 cm de tige et émincez-les finement. Faites chauffer la moitié de l'huile dans une poêle de 26 cm ; faites-y cuire les artichauts 3 minutes, en les tournant sans cesse avec une spatule ; salez ; poivrez ; ajoutez les herbes réservées ; faites-les cuire 3 minutes. Faites chauffer le jus de poulet.

Répartissez artichauts et salades dans les assiettes. Dressez les cannelloni dessus ; nappez de jus de poulet, arrosez d'un filet d'huile d'olive... et servez aussitôt.

Cette recette est dédiée à Jacques Seydoux de Clausonne, ancien président-délégué de la Société des Bains de Mer, qui aime par-dessus tout les légumes.

AGNEAU DE LAIT DE L'ARRIÈRE-PAYS AUX ARTICHAUTS ÉPINEUX

POUR 4 PERSONNES

1 gigot d'agneau de lait • 2 carrés d'agneau de lait • 8 artichauts épineux • 4 gousses d'ail non pelées • 1,5 dl de jus d'agneau (p. 19.) • 1/2 citron • 1,5 dl d'huile d'olive • 60 g de beurre • 12 brins de cerfeuil • Sel • Poivre.

Retirez les feuilles dures des artichauts ; coupez les tendres à 1 cm du cœur ; parez les cœurs en laissant 2 cm de tige ; coupez les cœurs en deux, verticalement ; frottez-les de citron pour éviter qu'ils ne noircissent.

Effeuillez les brins de cerfeuil ; jetez les tiges ; ciselez les feuilles.

Allumez le four, th. 8 (250°).

Faites chauffer la moitié de l'huile dans une sauteuse pouvant contenir gigot et carrés. Ajoutez la moitié du beurre et lorsqu'il a fondu, couchez le gigot dans la sauteuse. Faites-le dorer sur toutes ses faces, sur un feu modéré, en surveillant sa cuisson et en l'arrosant souvent, 25 minutes environ. Après 15 minutes de cuisson, ajoutez les carrés d'agneau et 2 gousses

« Crépuscule sur la route du col de Braus. ».
Entre Sospel, fraîche station alpestre établie dans un bassin planté d'oliviers sur les deux rives de la Bévéra et Peïra-Cava, à 1450 mètres d'altitude, qui offre un panorama sur le Mercantour et les grandes cimes franco-italiennes, la route est une suite de lacets escaladant les Préalpes niçoises et découvrant des cols, des clues, des gorges, des torrents, des vallées, des ravins, des crêtes, des cascades : nous sommes tout près, et si loin déjà, de la Riviera...

« Une maison du vieux Nice. » Dans le Vieux Nice, le long du cours Saleya où se tient le marché aux fleurs, l'ocre domine. Italien. Redoublant la lumière.

« Le phare de Menton. » Entre la promenade de la mer, qui mène à Garavan et la promenade du soleil, qui longe la vieille ville de Menton, le port et son phare.

d'ail dans la sauteuse. Salez. Poivrez. Lorsque les viandes sont cuites, mettez-les sur une grille placée au-dessus d'un plat à four et couvrez-les d'une feuille d'aluminium. Laissez-les reposer 10 minutes.

Jetez le gras de cuisson des viandes, versez le jus d'agneau dans la sauteuse pour déglacer puis versez ce jus dans une casserole.

Rincez les cœurs d'artichauts; épongez-les. Dans une sauteuse de 24 cm, faites chauffer l'huile restante, ajoutez-y le beurre restant, les 2 gousses d'ail restantes et les demi-artichauts. Faites-les dorer sur feu doux, en les tournant souvent puis mouillez-les d'un peu d'eau puis d'un peu de jus d'agneau. Lorsque les artichauts sont tendres, encore un peu croquants – comptez 10 à 12 minutes de cuisson – ajoutez-y le cerfeuil ciselé, salez-les, poivrez-les.

Versez le jus d'agneau qui s'est écoulé dans le plat pendant le repos de la viande et ajoutez-le

> ¶ LA PÂTISSERIE OUVRE LES PORTES D'UN UNIVERS DE RÊVE OÙ, PAR LA MAGIE DU SUCRE, ET PLUSIEURS FOIS PAR JOUR, ON PEUT RETROUVER LE GOÛT DE L'ENFANCE.

dans la casserole. Mettez l'agneau dans le plat. Faites réchauffer au four 5 minutes.

Dressez l'agneau dans un plat chaud; entourez-le des artichauts et des gousses d'ail, versez le jus en saucière... et servez aussitôt.

SALADE DU « PRINTEMPS DES ARTS » : UNE NIÇOISE À LA MONÉGASQUE

Photo page 220

POUR 4 PERSONNES

100 g de mesclun • 1 cœur de céleri en branches • 250 g de févettes • 4 artichauts violets • 4 tomates • 1 poivron rouge de 200 g • 8 cébettes • 8 radis roses ou rouges • 100 g de concombre • 4 œufs de caille • 9 filets d'anchois à l'huile • 100 g de thon à l'huile (filet) • 200 g d'olives de Nice • 2 dl d'huile d'olive • 8 feuilles de basilic • 8 brins de cerfeuil • 2 c. à s. de vinaigre de Xérès • 2 c. à s. de jus de citron • 1 c. à c. de câpres au vinaigre • 12 fines tranches de pain « baguette » grillées • 2 gousses d'ail • Sel • Poivre • 1/2 l d'huile d'arachide • 1 brin de thym.

Faites rôtir le poivron rouge au four très chaud ou sur des braises; laissez-le tiédir dans un récipient couvert; pelez-le; coupez-le en fines lanières et mettez-le dans un bol avec le brin de thym, une gousse d'ail écrasée et 1 cuillère à soupe d'huile d'olive.

Émincez très finement le cœur de céleri à la mandoline; mettez-le dans un grand bol, couvrez-le d'eau froide et réservez-le au réfrigérateur. Écossez les févettes; mettez-les dans un petit bol et couvrez-les d'huile d'olive. Pelez le concombre; coupez-le en dés de 1/2 cm; poudrez-le de sel et laissez-le s'égoutter dans une passoire. Ne gardez des artichauts que les cœurs et 1 cm de feuilles tendres; émincez-les très finement; réservez-les dans un bol avec

« Jus de fraise. »
1 kg de fraises, 150 g de sucre semoule.
Équeutez les fraises ; lavez-les ; égouttez-les ; mettez-les dans une casserole et poudrez-les de sucre. Mettez la casserole dans un bain-marie frémissant et laissez cuire les fraises 1 heure 30... Au bout de ce laps de temps, tapissez de mousseline une passoire inoxydable ou un chinois ; placez la passoire (ou le chinois) au-dessus d'un saladier. Versez le contenu de la casserole dans la passoire (ou dans le chinois) et laissez les fraises s'égoutter pendant 8 heures au réfrigérateur. Vous obtiendrez un demi-litre de jus limpide, translucide et délicieux que vous utiliserez dans la confection de nombreux desserts.

moitié-jus de citron, moitié-eau. Lavez les radis ; émincez-les très finement ; réservez-les dans de l'eau froide. Lavez le mesclun et essorez-le. Pelez les tomates ; détachez de chacune d'elles quatre copeaux de pulpe : réservez-les dans un bol. Faites cuire les œufs de caille à l'eau bouillante, 5 minutes ; écalez-les ; coupez-les en deux. Dénoyautez les olives ; retirez un copeau sur 8 d'entre elles ; mettez le reste dans le bol d'un robot avec 1/2 gousse d'ail, 1 filet d'anchois, les câpres, 4 feuilles de basilic, la moitié du vinaigre de Xérès, sel, poivre et 4 cuillères à soupe d'huile d'olive. Mixez jusqu'à obtention d'une pâte épaisse ; réservez cette tapenade dans un bol. Versez le reste de vinaigre dans un saladier ; ajoutez-y 4 cuillères à soupe d'huile d'olive, sel et poivre ; émulsionnez le tout à la fourchette.

Frottez les petits croûtons d'ail ; tartinez-les de tapenade. Pelez les cébettes et émincez-les. Faites chauffer l'huile d'arachide dans une casserole ; jetez-y la moitié des artichauts égouttés et épongés ; faites-les dorer puis retirez-les et laissez-les s'égoutter sur un papier absorbant ; mettez les artichauts restants dans le saladier ; mélangez-les dans la vinaigrette.

Dans les assiettes, dressez tous les éléments de la salade, par petits tas : poivron égoutté, artichauts vinaigrette, concombre passé dans la vinaigrette puis mesclun vinaigrette, cœur de céleri également passé dans le vinaigrette, thon à l'huile, filets d'anchois roulés, demi-œufs de caille garnis d'un copeau d'olive ; copeaux de tomate garnis de feuilles de basilic ciselées, cébettes émincées... le tout parsemé de cerfeuil, rondelles de radis, artichauts frits, croûtons de tapenade... Ajoutez l'huile d'olive restante à la tapenade restante et versez-la dans une saucière. Servez aussitôt la « Niçoise à la monégasque », accompagnée de tapenade détendue à l'huile d'olive...

PETITS POIS « TÉLÉPHONE » ET JEUNES LÉGUMES NOUVEAUX CUISINÉS EN COCOTTE

POUR 4 PERSONNES

800 g de petits pois (en cosses) dits « Téléphone », une variété croquante et très sucrée • 12 carottes fanes • 12 navets fanes • 20 oignons nouveaux • 16 pointes d'asperges violettes • 200 g de petites pommes de terre nouvelles « grenaille » • 1 batavia ou 1 laitue • 1 gousse d'ail nouveau • 50 g de lard paysan • 25 g de jambon de Parme • 1 l de fond blanc (p. 17) • 1 dl d'huile d'olive • 100 g de beurre • 12 brins de cerfeuil • Fleur de sel de Guérande.

Écossez les petits pois. Pelez les carottes et les navets en laissant les fanes. Pelez les oignons et laissez 3 cm de tige verte. Grattez les pommes de terre. Ne gardez de la batavia (ou de la laitue) que les côtes avec 2 cm de vert de chaque côté. Coupez le lard en bâtonnets de 1 cm et le jambon en carrés de 1 cm. Lavez soigneusement les légumes.

Faites bouillir de l'eau dans une grande casserole ; salez-la ; plongez-y d'abord les navets 1 minute, retirez-les et plongez-les dans de l'eau froide, puis les carottes, puis les pointes d'asperges.
Faites bouillir le fond blanc dans une casserole.
Dans une cocotte de 26 cm, faites chauffer la moitié de l'huile ; ajoutez-y la moitié du beurre et lorsqu'il a fondu, faites-y dorer les morceaux de lard et de jambon, 3 minutes environ, puis ajoutez les oignons et les côtes de salade ; laissez cuire 3 minutes ; ajoutez les petits pois ; retournez-les bien dans la matière grasse et versez assez de fond blanc dans la cocotte pour les couvrir à hauteur. Laissez-les cuire al dente puis ajoutez carottes, navets et asperges blanchis et égouttés. Mouillez à nouveau de fond blanc, et laissez cuire doucement, jusqu'à ce que les légumes soient tendres.
Dans une casserole, mettez les pommes de terre ; couvrez-les d'eau froide ; salez-les ; faites-les cuire jusqu'à ce que la pointe d'un couteau les transperce facilement puis égouttez-les et mettez-les dans la cocotte ; ajoutez un peu de fond blanc si cela est nécessaire.
Lorsque les légumes sont cuits, égouttez-les avec une écumoire et répartissez-les dans des assiettes creuses. Faites réduire leur jus de moitié et ajoutez-y le beurre restant et l'huile d'olive, en fouettant vivement pour créer une émulsion : versez ce jus sirupeux sur les légumes. Parsemez de cerfeuil et... servez aussitôt. Poudrez de quelques grains de fleur de sel avant de déguster.

SAINT-PIERRE DE LA PÊCHE LOCALE DU JOUR CUIT ENTIER COMME ON L'AIME SUR LA RIVIÉRA, JUS TRANCHÉ UN PEU AMER

Photo pages 226-227

POUR 4 PERSONNES

2 Saint-Pierre de 700 g chacun • 12 petits fenouils nouveaux dits « fenouils fanes » • 16 oignons grelots • 1 citron de Menton • 1 tomate de 150 g • 20 olives noires du pays • 6 brins de fenouil sec • 4 brins de basilic • 6 dl de fond blanc (p. 17) • 1 dl d'huile d'olive • 30 g de beurre • Sel • Poivre.

Allumez le four, th. 7 (225°). Coupez la tête des Saint-Pierre ; videz-les ; ébarbez-les ; lavez-les ; épongez-les. Lavez la tomate et coupez-la en quatre ; pelez les oignons grelots ; coupez les tiges des petits fenouils à 2 cm du bulbe naissant ; lavez-les ; épongez-les. Prélevez 12 grandes feuilles sur les brins du basilic ; lavez-les ; épongez-les ; ciselez-les ; lavez les tiges et égouttez-les. Dénoyautez les olives en les écrasant entre vos doigts. Coupez le citron en rondelles. Faites chauffer 2 cuillères à soupe d'huile d'olive dans une sauteuse de 24 cm ; ajoutez-y la moitié du beurre et, lorsqu'il a fondu, jetez les petits fenouils et les oignons grelots dans la sauteuse ; laissez-les à peine blondir, en les tournant sans cesse, sur un feu moyen, puis mouillez-les de 1 dl de fond blanc et laissez-les s'attendrir sur un feu très doux.

Page 263 : « Fraises des bois au jus de fraise tiède, sorbet mascarpone. » (Recette page 285). C'est dans la tiédeur d'un jus de fraise que le parfum des fraises des bois s'épanouit. Depuis toujours, les unes et les autres recherchent la complicité d'un produit laitier ; c'est le mascarpone, transalpin, onctueux et suave, qui s'avère un compagnon idéal.

Ci-dessus : « Mûres mûres au Saut du Loup. » L'été, le long du Loup, dont les eaux pétillantes brumisent l'exubérante et luxuriante vallée, les fruits sauvages abondent.

« Croquants de fruits rouges et noirs en gelée de fraise et crème mousseline. »
(Recette page 285).
Rouge et noir, croustillant et onctueux, dessert-plaisir pour l'œil et le palais.

Couchez les Saint-Pierre tête-bêche dans un plat à four en fonte pouvant juste les contenir; parsemez-les de quartiers de tomate, rondelles de citron, tiges de basilic pourvues de leurs petites feuilles, et brins de fenouil sec; versez le fond blanc dans le plat et posez celui-ci sur un feu vif. Lorsque le fond commence à bouillir, retirez le plat du feu et glissez-le au four.

Laissez cuire les Saint-Pierre 8 minutes, en les arrosant souvent. Retirez-les du plat de cuisson et dressez-les dans un plat chaud. Faites réduire des deux-tiers le jus de cuisson; filtrez-le dans une petite casserole et incorporez-y la moitié de l'huile et le beurre restants, sans chercher à créer une émulsion: le jus doit être « tranché » c'est-à-dire pointillé de petites gouttes d'huile et de beurre. Versez-le sur les Saint-Pierre puis nappez-les d'huile d'olive restante et... portez-les à table avec les fenouils et oignons grelots auxquels vous aurez ajouté olives et basilic ciselé.

DARNES ÉPAISSES DE COLINOTS PÊCHÉS DU MATIN, SUC DE PERSIL PLAT AUX SUPIONS ET VONGOLE

POUR 4 PERSONNES

2 colinots de 600 g chacun • 500 g de supions (nettoyés) • 20 vongole (palourdes) trempées 4 h à l'eau froide • 100 g de persil plat • 4 gousses d'ail • 6 copeaux de tomate confite (p. 280) • 2 dl de vin blanc • 3 dl de fond blanc (p. 17) • 1,5 dl d'huile d'olive • 50 g de beurre • Sel • Poivre • 4 c. à s. de farine.

Écaillez, videz, ébarbez, lavez et épongez les colinots; coupez dans chacun d'eux, et dans leur partie la plus épaisse, deux darnes de 200 g chacune (vous pourrez utiliser le reste des poissons pour une soupe, par exemple...).

Effeuillez le persil; jetez les tiges (ou réservez-les pour la confection d'un fond blanc ou d'un bouillon); réservez les feuilles: lavez-les; épongez-les; mettez-en les trois quarts dans le bol d'un mixeur avec 4 cuillères à soupe d'huile d'olive et deux pincées de sel; faites tourner l'appareil à grande vitesse jusqu'à obtention d'une crème vert pomme émulsionnée; réservez ce « pistou » de persil. Ciselez les feuilles restantes. Pelez les gousses d'ail et écrasez-les légèrement.

Salez, poivrez et farinez légèrement les darnes

> LES JUS DE VIANDE – SUCS TRÈS COURTS, SUAVES ESSENCES – ME SERVENT À ENRICHIR LES SAUCES DES VIANDES DONT ILS SONT ISSUS, MAIS AUSSI À RELEVER LES ASSAISONNEMENTS DESTINÉS AUX LÉGUMES, AUX PÂTES, ET MÊME AUX POISSONS.

« La villa Italia, à Monte-Carlo. Détail. » Terre cuite et faïence bleue : un cadre idéal pour les plantes exotiques qui s'acclimatent à la douceur privilégiée de ce coin de Méditerranée.

« La Vigie. »
En 1902, au sommet de la pointe de la Vigie, à l'autre bout de la ville, Sir William Ingram fit construire l'une des plus belles résidences de la Riviera : une villa baptisée « la Vigie ». Son jardin abritait des essences rares et des plantes tropicales ; toutes sortes d'oiseaux exotiques y vivaient en liberté. Jusqu'en 1919, on y donna de grandes fêtes, puis la villa passa dans d'autres mains avant d'être occupée et dégradée pendant la guerre.
En 1952, elle devint la propriété de la Société des Bains-de-mer. Aujourd'hui, restaurée, elle est à nouveau habitée. Telle une phare sur un promontoire, Alexandre Dumas l'aurait aimée, tout entourée de « cette mer infinie qu'on a besoin de revoir de temps en temps une fois qu'on l'a vue, et dont en ne se lasse pas tant qu'on la voit ».

de colinots. Faites chauffer 2 cuillères à soupe d'huile d'olive dans une poêle de 26 cm ; ajoutez la moitié du beurre et, lorsqu'il a fondu, mettez les darnes dans la poêle, partie ventrale vers le haut de la poêle, en compagnie des gousses d'ail.
Faites dorer les darnes sur une face, puis tournez-les dans la poêle afin de les faire dorer sur l'autre face, la partie ventrale se trouvant alors vers le bas de la poêle. Pendant la cuisson, arrosez-les sans cesse du mélange beurre-huile dans lequel elles dorent.
Lorsque les darnes sont cuites, bien croustillantes « à la peau » mettez-les sur une grille placée au-dessus d'une assiette creuse et couvrez-les d'une feuille d'aluminium ; réservez-les au chaud. Jetez le contenu de la poêle ; essuyez la poêle ; versez-y 2 cuillères à soupe d'huile d'olive et jetez-y les supions et les vongole ; saisissez-les à feu vif puis arrosez-les de vin blanc et lorsqu'il s'est totalement évaporé, de fond blanc.
Lorsque le fond blanc bout, retirez les fruits de mer de la poêle à l'aide d'une écumoire et réservez-les dans une assiette creuse ; faites réduire leur jus de cuisson à feu très vif en ajoutant progressivement l'huile et le beurre restant pour créer une émulsion ; lorsque celle-ci est solide, remettez les fruits de mer dans la poêle, nappez-les de « pistou » de persil, parsemez-les de persil ciselé, de copeaux de tomate confite effilochés, mélangez délicatement et retirez du feu.
Dressez les darnes de colinots dans des assiettes creuses, entourez-les du petit ragoût de fruits de mer au persil et... servez aussitôt.

PÂTES PAPILLONS À LA FARINE INTÉGRALE AUX GAMBERONI DU GOLFE DE GÊNES

POUR 4 PERSONNES

POUR LA PÂTE

250 g de farine intégrale • 2 œufs + 1 jaune • 3 c. à s. d'huile d'olive • 1/2 c. à c. de sel de mer fin • Gros sel de mer.

POUR LA GARNITURE

16 gamberoni (environ 35 g chacun) frais du Golfe de Gênes • 1,5 dl d'huile d'olive • 5 cl de vinaigre de Xérès • Sel • Poivre.

Préparez d'abord la pâte à pâtes : versez la farine sur le plan de travail ; creusez un puits au centre ; cassez-y les œufs, ajoutez le jaune, l'huile d'olive et le sel fin. Du bout des doigts, en un mouvement tournant et en partant du centre vers l'extérieur, mélangez tous les ingrédients et travaillez la pâte jusqu'à ce qu'elle forme une boule et se détache des doigts...
Vous pouvez aussi confectionner la pâte dans le bol d'un robot. Lorsque la pâte est homogène, souple et élastique, glissez-la dans un sachet en plastique et réservez-la au réfrigérateur ou dans un endroit frais, 1 heure au moins.

« Le port de Monaco au lever du soleil, vu du boulevard Albert I$^{er.}$ » À droite, le quai Antoine Ier ; à gauche le quai des États-Unis prolongé par le boulevard Louis II, puis le complexe des Spélugues, dominé par le Casino et l'Hôtel de Paris.

Ci-contre : « Tomates de Provence au marché Forville, à Cannes. » Lorsqu'elle arriva, il y a cinq siècles, du lointain empire de Moctezuma, la tomate était jaune, pas plus grosse qu'une cerise. On l'appela « Pomodoro » – « Fruit d'or » – en Italie du Sud où elle s'épanouit et devint toute rouge. À l'époque, la « sauce napolitaine », aujourd'hui synonyme de « sauce tomate », était une sauce à l'oignon... Il fallut un siècle à la tomate pour arriver en Provence où on l'appela « pomme d'amour » : l'idylle dure toujours. On y a même retrouvé la couleur originelle de la tomate : de gros fruits d'or poussent sur les collines de Valbonne, miellés, muscadés, totalement dépourvus d'acidité...

Page 275 : « Tomate confite. ». (Recette page 280). En Italie du Sud, les tomates qui sèchent au soleil acquièrent une étonnante saveur musquée, insoupçonnable lorsqu'elles sont crues. On les sert en salades, avec du basilic et de la mozzarella ; on les glisse dans les soupes, on les ajoute aux viandes mijotées ; on en fait des sauces et des condiments pour les pâtes, les poissons, les gratins de légumes. La cuisine à la tomate séchée a une saveur très chaude, et une odeur capiteuse qu'exhalent les grappes pourpres accrochées aux murs blancs des maisons de Campanie, de Calabre et de Sicile : en substituant à l'ardeur d'un soleil presque africain la douce et lente chaleur d'un four, Alain Ducasse les a captées. La tomate confite, qu'il marie même à la truffe est l'accent méditerranéen le plus méridional de sa cuisine.

Lorsque la pâte a reposé, passez-la plusieurs fois au laminoir pour lui donner une épaisseur de 1 mm. Une fois la pâte étalée, découpez-y 80 cercles, à l'aide d'un emporte-pièce dentelé de 8 cm de diamètre. Pincez le centre des disques de pâte entre le pouce et l'index, de manière à obtenir des papillons. Poudrez légèrement de farine une plaque à pâtisserie ; rangez-y les papillons et réservez-les au réfrigérateur.
Étêtez les gamberoni. Faites chauffer 1 1/2 cuillère à soupe d'huile d'olive dans une poêle de 26 cm ; faites-y dorer les têtes, en les salant et en les poivrant.
Versez le contenu de la poêle dans le bol d'un mixeur. Mixez 2 minutes à grande vitesse jusqu'à obtention d'une pâte ; tamisez-la à travers un chinois fin, au-dessus d'un bol : le chinois retiendra les débris de carapace et dans le bol s'écoulera une crème orange très parfumée ; ajoutez-y 1 dl d'huile d'olive et le vinaigre de Xérès en fouettant pour obtenir une émulsion.
Décortiquez les queues des gamberoni. Faites chauffer l'huile restante – 1 1/2 cuillère à soupe – dans la poêle ; faites très rapidement cuire, à feu vif, et en les tournant sans cesse avec une spatule, les queues des gamberoni, en les salant et en les poivrant à mi-cuisson... Les queues des gamberoni ne doivent pas cuire trop longtemps : 1 minute 30 suffira pour qu'elles soient saisies à l'extérieur et encore nacrées à l'intérieur.
Faites bouillir de l'eau dans une grande marmite ; salez-la au gros sel. Plongez-y les pâtes ; laissez-les cuire al dente (1 minute 30) ; égouttez-les ; mettez-les dans un saladier ; assaisonnez-les de vinaigrette ; répartissez-les dans les assiettes ; garnissez-les de queues de gamberoni et... servez aussitôt.

PÂTES IMPRIMÉES D'HERBES

Photo page 243

POUR 6/8 PERSONNES

500 g de farine de blé blanche • 5 œufs • 5 c. à s. d'huile d'olive • 5 pincées de sel • 1 botte de ciboulette • 1 botte de persil • 1 botte d'estragon • 1 botte de cerfeuil.

La préparation de la pâte peut être réalisée dans le bol d'un robot : versez-y tous les ingrédients – farine, œufs, huile d'olive et sel – et faites tourner l'appareil jusqu'à ce que la pâte soit lisse et homogène, et forme une boule. Enveloppez cette pâte de film adhésif et réservez-la au réfrigérateur. Notez que plus vous la laisserez reposer, plus elle sera facile à étaler.
Rincez les herbes, épongez-les, effeuillez-les.
Étalez la pâte au laminoir, très finement. Posez une bande de pâte sur le plan de travail légèrement fariné, humectez-la légèrement du bout des doigts et couvrez-en la moitié de feuilles de persil, d'estragon et de cerfeuil, et de bâtonnets de ciboulette disposés selon votre fantaisie : les herbes doivent être posées bien à plat sur la pâte. Couvrez la moitié de la pâte garnie d'herbes de l'autre moitié de pâte ; poudrez de

farine et soudez les deux épaisseurs avec la paume de la main ou un rouleau à pâtisserie. Passez la double bande de pâte au laminoir, plusieurs fois de suite, pour obtenir une pâte

> CE QUI COMPTE AVANT TOUT POUR MOI, C'EST RESTITUER LA SAVEUR NATURELLE D'UN METS. OR, POUR LA RÉVÉLER DANS TOUTE SA VÉRITÉ, IL FAUT SOUVENT METTRE EN ŒUVRE DES PROCESSUS TRÈS COMPLIQUÉS : VOILÀ UNE DES DIFFICULTÉS DU MÉTIER.

translucide dans laquelle les feuilles d'herbes semblent incrustées. Au cours du laminage, tout en gardant leur forme spécifique les feuilles d'herbes se brisent légèrement en s'étalant avec la pâte et deviennent de très jolis motifs impressionnistes.

Lorsque la pâte est prête, découpez-la en carrés, en rectangles ou en triangles, ou faites-en des « papillons » : découpez dans la pâte des cercles de 6 cm de diamètre à l'aide d'un emporte-pièce et froissez le centre en le pinçant, pour obtenir un nœud papillon. Ces pâtes cuisent très vite, dans de l'eau ou du bouillon.

À la saison des truffes blanches, vous les servirez nappées d'un beurre noisette lié au parmesan râpé et couvertes de fines lamelles de « tartuffi d'Alba ». À la saison des truffes noires, préparez un petit sauté de légumes à l'huile d'olive additionné d'un hachis de truffes et mêlez-le aux pâtes... En toutes saisons, servez ces pâtes avec des fruits de mer ou des coquillages : des palourdes, par exemple. Pour quatre personnes, faites ouvrir 1 kg de palourdes dans 1 dl de vin blanc et 2 dl de fond blanc ; faites réduire de moitié leur jus que vous lierez d'1 dl d'huile d'olive et 80 g de beurre, après y avoir ajouté 8 copeaux de tomate confite coupés en quatre, 2 échalotes hachées menu, 2 cuillères à soupe de basilic ciselé et 2 cuillères à soupe de jus de citron. Réchauffez les palourdes décoquillées dans cette sauce avant d'en garnir les pâtes et de les napper de leur jus.

CROUSTILLANTS MILLEFEUILLE DE POMMES DE TERRE GARNIS DE TENDRES LÉGUMES SAUTÉS À CRU ET DE DENTELLES DE PARMESAN

Photo page 251

POUR 4 PERSONNES

2 très grosses pommes de terre • 1 kg de févettes • 8 artichauts violets • 32 copeaux de tomate confite (p. 280) • 8 dentelles de parmesan (p. 247) • 10 g de basilic ciselé • 10 g de ciboulette ciselée • 1 dl de jus de veau (p. 19) • 2 c. à s. de vinaigre de Xérès • 100 g de beurre noisette • 400 g de beurre clarifié • 1,5 dl d'huile d'olive • 1/2 gousse d'ail • Sel • Poivre.

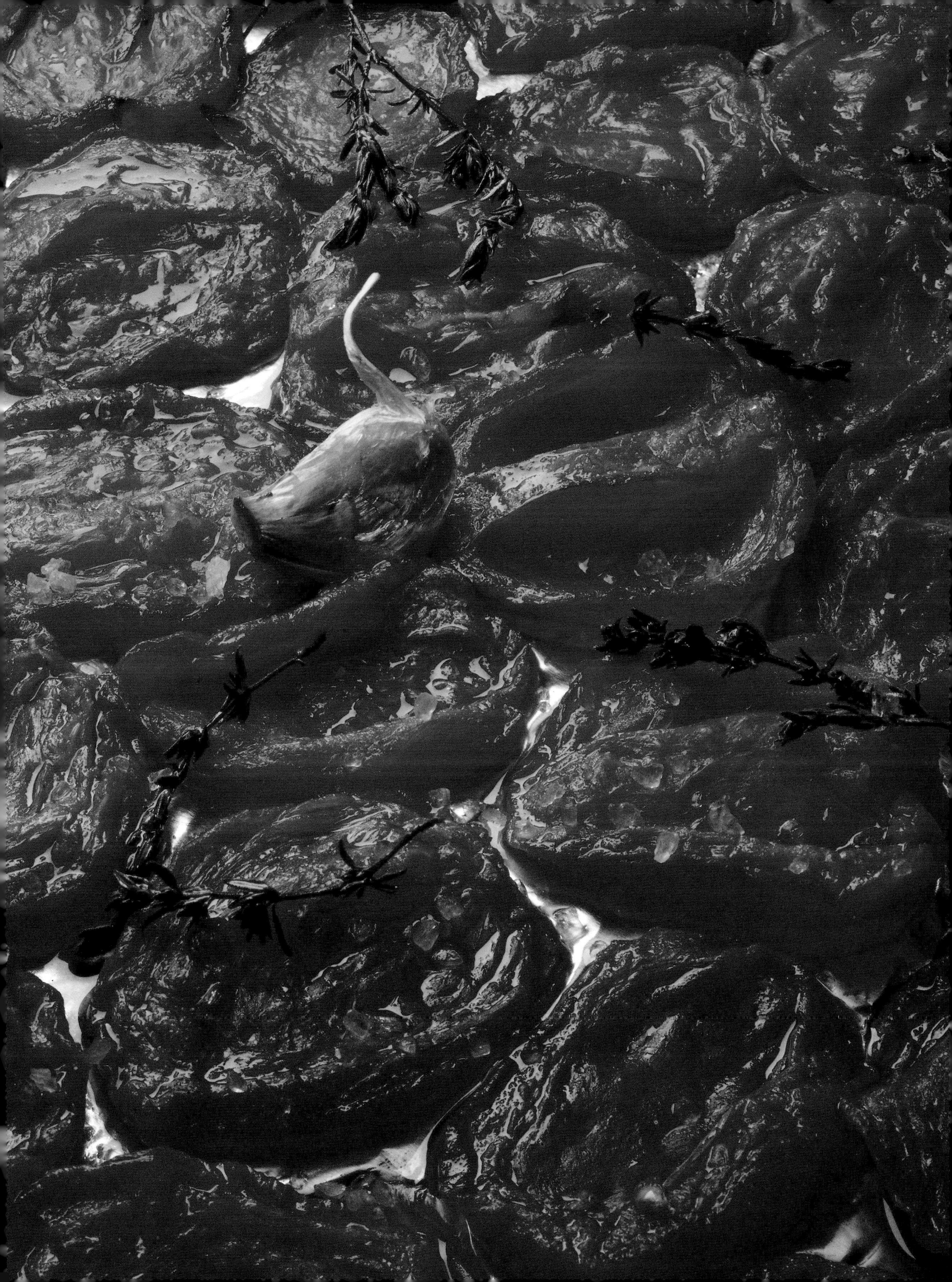

« La fougasse Riviera. » (Recette page 288). « Fougasse » en français, « focaccia » en italien : le pain préféré des méridionaux est plat, ovale ou rond, nappé d'huile d'olive et poudré de sel, moelleux, si largement fendu qu'on y glisse la main et qu'on l'emporte chez soi autour du poignet. On trouve des fougasses fourrées à l'anchois, aux oignons, au lard. La « Riviera » d'Alain Ducasse est une variation sur le thème du « pan bagnat », à cela près que tous les éléments dont est fourré le pain sont déjà cuits avant de recuire entre les deux abaisses de pâte. Tout ce que la Riviera compte d'estival et de goûteux s'y trouve réuni : tomates, anchois, artichauts, cébettes, poivrons rouges, basilic, ail.

Choisissez de très grosses pommes de terre à chair farineuse et si possible jaune, pesant au moins 500 g l'une (comme les pommes de terre de Manosque utilisées au Louis XV). Pelez-les ; lavez-les ; épongez-les ; coupez-les, à la mandoline, dans le sens de la longueur, pour obtenir 16 lamelles à peine plus épaisses que des chips ; lavez-les ; épongez-les ; faites-les dorer dans une sauteuse, au beurre clarifié 3 par 3, pour éviter qu'elles ne collent entre elles ; après les avoir glissées dans le beurre chaud, couvrez-les d'une grille à pâtisserie du même diamètre que la sauteuse, afin qu'elles cuisent bien à plat. Une fois dorées, réservez-les au chaud sur du papier absorbant ; salez-les légèrement.
Écossez les févettes ; coupez les feuilles les plus dures des artichauts ; parez les cœurs (en gardant 1 cm de queue) et émincez-les ; faites chauffer 5 cl d'huile dans une poêle de 22 cm ; ajoutez-y les artichauts et la demi-gousse d'ail ; faites-les dorer ; égouttez-les ; réservez-les au chaud ; salez-les ; poivrez-les ; jetez la demi-gousse d'ail.
Coupez les copeaux de tomate confite en lamelles de 1/2 cm ; mettez-les dans une sauteuse avec 5 cl d'huile d'olive ; laissez-les tiédir. Faites également tiédir, dans une seconde sauteuse, les févettes dans l'huile restante.
Faites réduire le vinaigre de moitié dans une casserole ; ajoutez-y le jus de veau, 2 cuillères à soupe de févettes, 12 lamelles d'artichauts et autant de tomate confite ; faites chauffer le tout ; incorporez le beurre noisette ; salez ; poivrez.
Ajoutez la ciboulette dans les tomates et le basilic dans les artichauts.
Au centre de chaque assiette, placez une lamelle de pomme de terre ; recouvrez-la de 1/4 des artichauts ; posez dessus une seconde lamelle de pommes de terre et couvrez-la de 1/4 des févettes ; posez la troisième lamelle de pommes de terre et couvrez-la de 1/4 des tomates. Terminez avec une lamelle de pomme de terre.
Répartissez le petit ragoût de légumes vinaigré autour des millefeuille ; garnissez de dentelles de parmesan et... servez aussitôt.

SOUPE DE LEGUMES DE PROVENCE AU PISTOU

Photo page 252

POUR 4 PERSONNES

POUR LA SOUPE

60 g d'oignons pelés • 40 g de céleri en branches • 40 g de peau de courgette • 50 g de tomate sans peau ni graines • 50 g de carottes pelées • 50 g de poireau (le blanc et la partie vert tendre) • 40 g de pommes de terre pelées • 50 g de navets pelés • 50 g de petits pois écossés • 50 g de haricots verts effilés • 50 g de cocos frais écossés • 1,5 l de bouillon de légumes • 80 g de lard paysan ou de poitrine maigre • 80 g de beurre • 3 c. à s. d'huile d'olive • 1 bouquet garni • Sel.

POUR LE PISTOU

10 g d'ail pelé • 40 g de feuilles de basilic • 1 dl d'huile d'olive • 80 g de parmesan râpé • Sel.

Coupez oignons, céleri, peaux de courgette et tomates en cubes de 1/2 cm. Coupez en « sifflets » (bâtonnets obliques) de 1 cm d'épaisseur: carottes, poireaux, pommes de terre et navets. Coupez le lard en bâtonnets de 1/2 cm. Couvrez les cocos d'eau froide et faites-les cuire avec le bouquet garni 40 minutes Faites cuire al dente les petits pois et les haricots verts à l'eau bouillante salée puis plongez-les dans de l'eau froide et égouttez-les.
Préparez le pistou: mettez tous les éléments dans le bol d'un mixeur. Mixez 2 minutes 30, jusqu'à obtention d'une émulsion solide.

LA TRANSPOSITION D'UN PRODUIT BRUT DANS L'UNIVERS DES SAVEURS ÉLABORÉES QUI EST CELUI DE LA GASTRONOMIE DEVIENT, MÊME SI ELLE FAIT APPEL À UN SAVOIR-FAIRE COMMUN, UNE CRÉATION TRÈS PERSONNELLE.

Faites chauffer l'huile dans une cocotte de 26 cm; ajoutez le beurre, oignons, céleri, carottes, poireaux, navets et lardons; faites cuire 3 minutes en mélangeant avec une spatule; versez le bouillon; laissez cuire 30 minutes à partir de l'ébullition. Au bout de ce laps de temps, ajoutez les pommes de terre; 20 minutes plus tard, ajoutez tomates, courgettes, petits pois et haricots cocos égouttés.
Laissez cuire 10 minutes à petits bouillons. Versez la soupe dans une soupière; ajoutez-y 1 cuillère à soupe de pistou; mélangez. Portez le pistou restant à table, dans une saucière. Servez la soupe dans des assiettes creuses; ajoutez un peu de pistou... et dégustez-la bien chaude.

SOUPE PASSÉE DE COSSES DE PETITS POIS ET DE FÉVETTES ET DE FANES DE RADIS, MOUILLETTES AILLÉES AU GRAS DE JAMBON

Photo page 254

POUR 4 PERSONNES

400 g de petits pois frais • 500 g de févettes • 100 g de fanes de radis • 1 1/2 l de fond blanc (p. 17) • 1,5 dl d'huile d'olive • 20 g de crème fouettée • 3 carottes • 2 oignons • 4 poireaux • 200 g de céleri-rave • 40 g de champignons sauvages cuits • 4 tranches de pain de campagne de 2 cm • 40 g de gras de jambon cru • 5 gousses d'ail • Sel • Poivre.

Écossez les petits pois et les févettes; réservez leurs cosses. Pelez les oignons et émincez-les vivement. Pelez un poireau et émincez-le finement, partie verte comprise.
Lavez les cosses des petits pois; coupez-les en tronçons de 2 cm; les cosses des févettes sont utilisables et donneront un très bon goût à la soupe, à deux conditions: qu'elles n'aient subi aucun traitement chimique et qu'elles soient bien sèches, car, si elles sont mouillées elles

Alain Ducasse dégustant seul la fougasse Riviera (Recette page 288) qui en est à son septième essai. Après l'avoir goûtée, il la prend à deux mains, et la dévore à belles dents : la recette est au point.

rendent la soupe grise ! Si elles sont utilisables, donc, coupez-les en tronçons de 2 cm. Pelez les gousses d'ail.
Dans une cocotte en fonte de 4 litres, faites chauffer 2 cuillères à soupe d'huile d'olive ; faites-y à peine blondir, sur un feu doux, les oignons et le poireau ; ajoutez les cosses des févettes (vous pouvez n'en utiliser qu'une partie) ; faites-les cuire 30 secondes dans l'huile puis ajoutez une gousse d'ail, les cosses des petits pois, la moitié des petits pois écossés et la moitié des févettes écossées ; mouillez avec le fond blanc ; laissez cuire jusqu'à ce que les légumes soient très tendres – 20 minutes environ – et refroidir. Pendant ce temps, faites cuire les fanes de radis à l'eau bouillante salée, égouttez-les, plongez-les dans de l'eau glacée. Appliquez cette cuisson dite « à l'anglaise » qui fixe la chlorophylle et préserve la belle couleur verte des légumes, aux petits pois et aux févettes restants.
Préparez la garniture : pelez les carottes, les poireaux restants et le céleri ; coupez-les en très petits cubes. Faites chauffer 2 cuillères à soupe d'huile dans une sauteuse de 20 cm ; faites-y à peine blondir cette « matignon » de légumes avec une gousse d'ail ; salez ; poivrez ; réservez au chaud.
Lorsque la soupe est froide, mixez-la avec les fanes de radis puis tamisez-la à travers un chinois ; portez-la à ébullition. Faites chauffer l'huile restante dans une grande poêle avec le gras de jambon coupé en cubes et les 3 gousses d'ail restantes. Faites-y dorer les tranches de pain ; égouttez-les sur du papier absorbant et coupez dans chacune d'elle quatre mouillettes. Incorporez la crème à la soupe et versez-la dans une soupière.
Faites réchauffer la matignon de légumes avec les févettes et les petits pois restants, et les champignons cuits. Répartissez-la dans 4 assiettes creuses (jetez la gousse d'ail). Portez séparément à table : les assiettes, la soupe et les mouillettes.

TOMATE CONFITE

Photo page 275

POUR 48 « COPEAUX » DE TOMATE

12 tomates mûres mais fermes de 150 g chacune • 6 gousses d'ail « en chemise » • 3 brins de thym • 5 à 6 c. à s. d'huile d'olive • 1 c. à s. bombée de gros sel de mer.

Plongez les tomates 20 secondes dans de l'eau bouillante puis dans de l'eau froide ; pelez-les. Sur chacune d'elles, verticalement, prélevez quatre « copeaux » de pulpe ; débarrassez-les des graines. Allumez le four, th. 1 1/2 (80°). Tapissez d'une feuille d'aluminium deux plaques à pâtisserie ; badigeonnez-les d'huile d'olive ; rangez-y les copeaux de tomates ; parsemez d'ail et de thym ; nappez le tout d'huile d'olive ; poudrez de gros sel et glissez au four. Laissez les copeaux de tomate confire 3 à 4 heures, en les retournant à mi-cuisson : plus ils cuiront, plus ils seront fripés, sucrés et desséchés et plus leur goût de fruit confit s'accentuera...
Vous pourrez les conserver dans un bocal, couverts d'huile d'olive, 10 à 15 jours au réfrigérateur.

« Début du service au Louis XV. »
Un commis apporte en salle, sur un long plateau d'argent, les plats couverts d'une cloche. Le service commence : il durera quatre heures au moins.

TARTELETTES AU FROMAGE BLANC ET AUX FRAISES DES BOIS NAPPÉES DE JUS DE FRAISE

POUR 8 PERSONNES

POUR LA PÂTE SABLÉE

180 g de beurre • 1/3 de c. à c. de sel • 110 g de sucre glace • 40 g de poudre d'amandes • 1/2 c. à c. de vanille en poudre • 1 œuf de 70 g • 200 g de farine.

POUR LA CRÈME AU FROMAGE BLANC

500 g de fromage blanc lisse à 40 % de m.g. • 2 œufs + 1 jaune • Le zeste râpé de 1 citron • 100 g de sucre • 150 g de crème liquide • 1 gousse de vanille • 20 g de sucre glace.

POUR GARNIR

400 g de fraises des bois • 2 dl de jus de fraise (p. 261).

Préparez d'abord la pâte sablée : cassez l'œuf dans un petit bol et fouettez-le.

C'EST LE CARACTÈRE INTRINSÈQUE DES PRODUITS QUI DÉTERMINE LE TYPE DE RECETTES QUE JE LEUR APPLIQUE. LES PRODUITS SONT UNE BASE SUR LAQUELLE JE CONSTRUIS MES RECETTES. JE NE PROCÈDE JAMAIS EN SENS INVERSE.

Dans le bol d'un robot, malaxez le beurre et le sel ; lorsque le beurre est souple, ajoutez le sucre glace, la poudre d'amandes, la vanille et 50 g de farine. Lorsque le mélange est homogène, incorporez la farine restante en deux ou trois fois. Lorsque la pâte forme une boule, enveloppez-la de film et laissez-la reposer 1 heure au moins au réfrigérateur.

Lorsque la pâte a reposé, abaissez-la au rouleau le plus finement possible ; garnissez-en des moules à tartelettes de 12 cm ; piquez le fond de quelques coups de fourchette et mettez-les au réfrigérateur.

Préparez l'appareil au fromage blanc : dans une terrine, mélangez au fouet le fromage, les œufs et le jaune, le zeste de citron et le sucre.

Dans un bol, versez la crème liquide ; ajoutez-y le sucre glace et l'intérieur de la gousse de vanille (grattée avec un petit couteau). Mélangez avec un fouet.

Allumez le four th. 5 (175°). Faites cuire les tartelettes sans garniture, jusqu'à ce qu'elles soient légèrement blondes. Baissez le thermostat à 4 (150°).

Versez dans les tartelettes l'appareil au fromage blanc jusqu'aux 2/3 de leur hauteur ; mettez-les au four 4 à 5 minutes, le temps que l'appareil prenne à demi puis remplissez les tartes à ras bord de crème vanillée et laissez cuire 2 à 3 minutes, le temps que le dessus devienne lisse et brillant. Laissez un peu tiédir les tartelettes puis démoulez-les et laissez-les refroidir sur une grille.

Juste avant de servir, équeutez les fraises des bois et garnissez-en les tartelettes. Mettez les tartelettes dans les assiettes ; nappez les fraises des bois de jus de fraise... et servez aussitôt.

« La salle du Louis XV entre deux services. » Entracte. On a couvert d'une serviette de lin les très prestigieuses, les extra-vieilles liqueurs qui viennent d'être débouchées. Elles resteront en salle jusqu'à la dernière goutte. Ces bouteilles hors d'âge sont des souvenirs vivants.

Pour commémorer la représentation de la « Damnation de Faust » donnée le 18 février 1893 au théâtre de Monte-Carlo, une statue de Berlioz sculptée par Paul Roussel a été érigée dans les jardins du Casino. Aux pieds du compositeur, gravés dans la pierre les personnages de son œuvre : le démoniaque Méphistophélès est représenté sous les traits et dans le costume de Dante Alighieri....Dans sa « Divine comédie », souvenons-nous, le poète a mis les gourmands en Enfer, au chant VI du troisième cercle, « celui de la pluie éternelle, maudite, froide et lourde. »

CROQUANTS DE FRUITS ROUGES ET NOIRS EN GELÉE DE FRAISE ET CRÈME MOUSSELINE

Photo page 266

POUR 8 PERSONNES

200 g de pâte feuilletée • 100 g de sucre glace • 150 g de fraises • 120 g de framboises • 100 g de mûres • 100 g de groseilles égrappées • 120 g de fraises des bois • 100 g de raisin noir • 80 g de cassis égrappé.

POUR LA GELÉE DE FRAISE

400 g de jus de fraise (p. 261) • 3 feuilles de gélatine.

POUR LA CRÈME MOUSSELINE

2 dl de lait • 2 jaunes d'œufs • 20 g de farine • 50 g de sucre semoule • 1 dl de crème liquide très froide.

Allumez le four, th. 6 (200°). Étalez la pâte feuilletée au rouleau, le plus finement possible, sur le plan de travail poudré de sucre glace. Pendant que vous l'abaissez, retournez-la plusieurs fois, afin que le sucre glace s'incruste sur ses deux faces. Découpez la pâte en carrés de 5 cm et disposez-les sur une plaque antiadhésive ; faites-les cuire 8 à 10 minutes, jusqu'à ce qu'ils soient très caramélisés ; laissez-les refroidir sur des grilles à pâtisserie.

Préparez la crème mousseline : fouettez la crème liquide en chantilly. Avec les ingrédients restants, confectionnez une crème pâtissière et incorporez-y la chantilly. Réservez au frais.

Préparez la gelée de fraise : faites tremper la gélatine dans de l'eau froide pour la ramollir ; mettez-la dans une casserole avec un peu de jus de fraise et faites-la fondre à feu doux ; incorporez le jus de fraise restant. Laissez refroidir au réfrigérateur.

Au moment de servir, placez au centre de chaque assiette un carré de feuilletage ; couvrez-le d'un peu de crème mousseline ; répartissez les fruits sur la crème puis couvrez-les d'un peu de gelée. Recommencez l'opération. Terminez avec une feuille de feuilletage. Décorez les assiettes avec les fruits restants et... servez aussitôt.

Vous pouvez présenter à part du jus de fraise, ou le couler sur les fruits avant de servir et parsemer les assiettes de feuilles de menthe

FRAISES DES BOIS AU JUS DE FRAISE TIÈDE, SORBET MASCARPONE

Photo page 263

POUR 4 PERSONNES

500 g de fraises des bois • 400 g de sucre semoule • 500 g de mascarpone • 2 c. à s. de jus de citron • 2,5 dl de jus de fraise (p. 261).

Préparez d'abord le sorbet : mettez le sucre et 7 dl d'eau dans une casserole ; portez à ébullition et laissez bouillir jusqu'à ce que le sucre fonde. Laissez refroidir. Ajoutez le jus de citron et le mascarpone en mélangeant au fouet. Versez la préparation dans une sorbetière et faites glacer jusqu'à ce que le sorbet prenne.

« L'équipe d'Alain Ducasse. »
Les plus anciens collaborateurs d'Alain Ducasse. De gauche à droite : Jeannot Tanna, plongeur ; Benoît Peeters, maître d'hôtel ; Sylvain Portay, second d'Alain Ducasse ; Frédéric Robert, chef pâtissier ; Georges-Marie Gérini, directeur de salle ; Mario Muratore, chef du garde-manger ; Frédérick Roemer, sommelier adjoint ; Jean-Pierre Rous, maître sommelier ; Bruno Caironi, chef du « gril » de l'Hôtel de Paris ; Patrick Roy, boulanger.

PAIN DE SEIGLE
BAVAROIS

Au moment de servir équeutez les fraises des bois, sauf 8 pour la décoration, et répartissez-les dans des assiettes creuses. À l'aide de deux cuillères à soupe, prélevez dans le sorbet 8 quenelles et répartissez-les dans les assiettes, sur les fraises des bois. (Vous pouvez utiliser une cuillère à glace de forme ovale). Décorez de fraises des bois réservées. Faites chauffer le jus de fraise dans une petite casserole en cuivre. Portez les assiettes à table; versez le jus de fraise chaud sur les fraises des bois... et dégustez aussitôt.

FOUGASSE RIVIERA

Photo page 276

POUR 5 PERSONNES

600 g de pâte à pain classique au levain • 5 copeaux de tomate confite (p. 280) • 2 artichauts violets • 5 feuilles de basilic • 1 cébette • 1/2 poivron rouge • 50 g d'olives noires • 40 g de parmesan • 1 filet d'anchois au sel • 6 gousses d'ail • Sel de Guérande • Poivre noir • 1 dl d'huile d'olive.

Mettez quatre gousses d'ail dans une petite casserole; couvrez-les d'huile d'olive; laissez-les «confire» à feu très doux, 15 minutes, jusqu'à ce qu'elles soient souples. Coupez le demi-poivron en lanières de 1,5 x 3 cm; mettez-le dans une seconde casserole et laissez-le confire, comme l'ail.

Ne gardez des artichauts que les cœurs et 1 cm de feuilles tendres; coupez-les en fines lamelles; faites-les cuire al dente à l'eau bouillante salée pendant 2 à 3 minutes; égouttez-les.

Dénoyautez les olives. Coupez le parmesan en fins copeaux, les feuilles de basilic en fines lamelles, la cébette en fines rondelles. Rincez longuement le filet d'anchois et coupez-le en petits morceaux de 3 cm.

Allumez le four, th. 7 (225°). Partagez la pâte en deux puis étalez au rouleau chaque partie sur 1,5 cm d'épaisseur, en leur donnant une même forme ovale.

Posez une abaisse de pâte sur une plaque à pâtisserie antiadhésive; répartissez tous les éléments de la farce de la fougasse sur cette première abaisse: copeaux de tomate confite, artichauts, cébettes, feuilles de basilic, olives, gousses d'ail confites égouttées et pelées, poivrons confits égouttés; parsemez le tout de la moitié des copeaux de parmesan et couvrez de la deuxième partie de la pâte; pincez les bords pour les souder; laissez la fougasse lever pendant une heure à température ambiante. Faites des entailles sur la pâte (à l'aide d'une lame de rasoir) dans le style d'une classique fougasse. Arrosez-la d'huile d'olive; poudrez-la de sel et de poivre; posez sur la pâte les deux gousses d'ail restantes en les coupant un peu à la base afin qu'elles collent à la pâte; parsemez de copeaux de parmesan restants et glissez la fougasse au four. Laissez-la cuire 15 minutes environ, jusqu'à ce qu'elle soit légèrement dorée. Laissez-la tiédir ou refroidir complètement sur une grille à pâtisserie; découpez-la en cinq et... dégustez-la aussitôt.

Les auteurs remercient S.A.S. Le Prince Rainier III de Monaco ; Son Excellence Monsieur Raoul Biancheri ; Michel Pastor et Jacques Seydoux de Clausonne ; Mario Muratore pour sa collaboration à la mise au point des recettes et Hélène Darroze pour la coordination entre les participants à la réalisation de cet ouvrage ; la brigade de la cuisine et de la salle du Louis XV et tout particulièrement Frédéric Robert et Sylvain Portay. Les prises de vues des natures mortes de cuisine ont été réalisées dans la salle et dans les cuisines du Louis XV. La vaisselle et les accessoires sont ceux de la salle et des cuisines du Louis XV.

TABLE DES RECETTES

RECETTES DE BASE

HORS-D'ŒUVRE

ENTRÉES

SOUPES

PÂTES, RISOTTI, PAIN

LÉGUMES

CRUSTACÉS ET FRUITS DE MER

Poissons

Volailles

Viandes

Gibier

Desserts

INDEX

Le présent ouvrage
a été composé en Centaur Monotype
par l'Atelier du Livre, à Reims,
imprimé en octobre 1992
par Aubin à Poitiers
et relié par la SIRC à Marigny le Châtel.
La photogravure a été réalisée
par Fossard à Paris.

Numéro d'édition : 11735
Numéro d'impression : P 41397
Dépôt légal : novembre 1992